JN297762

はじめて学ぶ
ゲーム理論

船木 由喜彦
Yukihiko Funaki

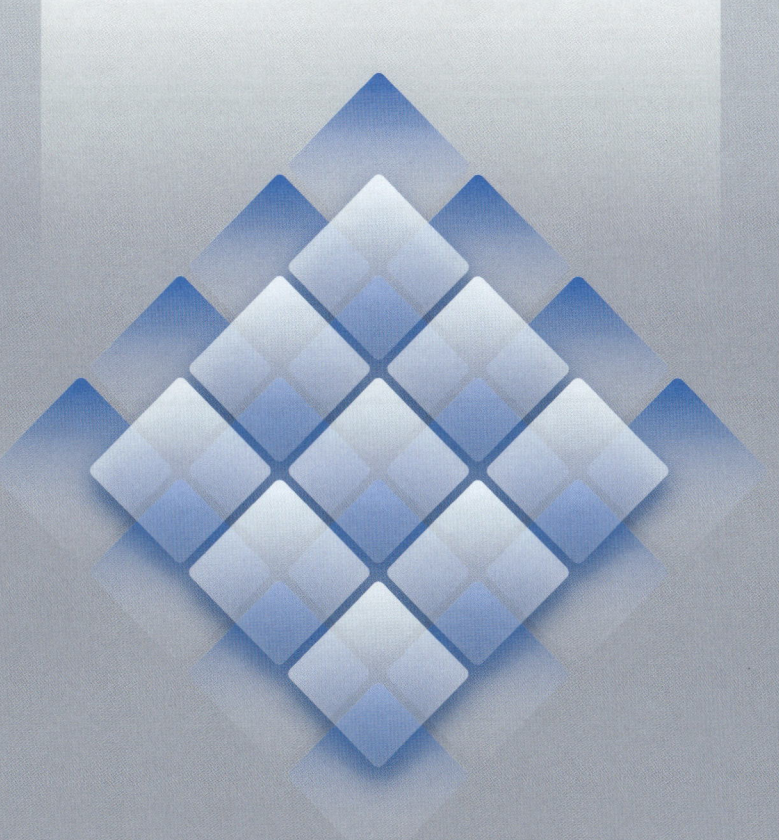

新世社

はじめに

　ゲーム理論は 2012 年のシャープレイとロスのノーベル賞受賞をひくまでもなく，近年，さまざまな分野でその重要性が認識されています。日本を始め，世界各国の多くの大学で標準的なゲーム理論の講義が行われています。それは経済学に限らず，政治学，社会学，工学，生物学など多岐に渡っています。そして，その内容を勉強したいと思う方が，どんどん増えています。

　本書はそのような状況の中，ゲーム理論を初めて学ぶ方に，そのおもしろさ，有用さを理解して頂くことを目的として執筆しました。非協力ゲーム，協力ゲームの基礎的な考え方から始め，理論を応用する立場から必要と思われる事項を詳しく説明しています。

　本書の特徴は，数学，数式を使っていないことです。ゲーム理論は数学を駆使した難しい理論というイメージがあるかもしれませんが，実はその根本は論理的，説得的な説明です。その厳密性を確保するために数学の力を使っているに過ぎません。重要な点は，その説明力，説得力ですから，厳密性を少し犠牲にすれば，数式を使わずにほとんどの事項が説明できると筆者は考えています。そこで，数式の代わりに，図表を多用し，理解のための助けとしています。本書は「入門」と名付けながら，多くの数式が現れるような本とは一線を画すものと考えています。おおげさですが，そのための一つの挑戦といえるかもしれません。

　数学という垣根を外せば，後は特に難しいことはありません。論理的に考える力と知的好奇心が必要なだけです。そのような点から考え，本書は中学生から大学生まで，さらに学びの場から離れて，しばらく期間が空いたが，もう一度学び始めたい方々，そういった方すべてに向けて書かれています。

そのために工夫したところは，身近な問題からはじめ，それをゲーム理論でどう考え，どのように解いていくかという話につないでいくところです．現実の説明と重ねながらゲーム理論のさまざまな重要な考え方を紹介し，本格的なゲーム理論の勉強の糸口になるように設計しています．これも本書を読みやすくしてくれるものと信じています．

経済数学やミクロ経済学の標準的な教科書では，まず定義から始まり，次にモデルの説明があって，実際の例にあてはめるとこうなるというタイプの説明が多いと思いますが，本書の順番はその逆です．最初に経済的な例や政治的な例から始まり，それをゲーム理論で分析するにはどうしたらいいか，その分析の方法として，ゲーム理論を紹介し，モデルと定義を説明していくという順番で解説を進めます．

もう一つの本書の特徴は協力ゲームの内容にもふれていることです．フォン・ノイマンとモルゲンシュテルンのゲーム理論の出発点から，ナッシュ，ゼルテン，ハルサニ，オーマン，マッシラー，シャープレイと，ゲーム理論においては非協力ゲームと協力ゲームがともに発展してきました．これらの先人たちは，両方の理論でたくさんのすばらしい業績を残しています．現在，ゲーム理論というと，非協力ゲームのナッシュ均衡だけが強調され，それを思い浮かべる人が多いかもしれませんが，ゲーム理論が始まった当時から，両理論は並行して研究されてきました．非協力ゲーム一辺倒の時代もありましたが，現在は協力ゲームの理論も復活しています．その端的な例がシャープレイのノーベル賞受賞です．

シャープレイはマッチング理論の創始者としても有名ですが，やはりゲーム理論家として特筆したいのは，彼の名のついたシャープレイ値という協力ゲームの解です．シャープレイ値は大変興味深い解で，現在も多くの研究がなされています．本書ではそのシャープレイ値を投票の問題に応用したシャープレイ・シュービック投票力指数を紹介しています．これも大きな特色です．

それでは，本書の内容を紹介しましょう。前半は非協力ゲームのトピックです。第1章ではゲーム理論とは何かという話から始めて，協力ゲームと非協力ゲームの違いや，その応用について紹介しています。第2章は支配戦略の考え方で囚人のジレンマを説明しています。囚人のジレンマは環境問題や軍備拡張競争問題を解く鍵になる重要な問題です。第3章はナッシュ均衡の考え方で規格の間の競争の問題を説明しています。規格競争とはWindowsとMacのような2つの規格間でのシェア争いです。第4章は展開形ゲーム（ゲームの木）を用いて，先手後手のあるゲームの分析をします。この章では，ナッシュ均衡とともに重要な解であるサブゲーム完全均衡点を紹介します。第5章では第4章の考え方を用いて戦略的な投票問題を分析しています。第6章では公的サービスの供給の問題を非協力ゲームを用いて分析します。これは制度の設計や評価といった問題につながります。

　後半は協力ゲームです。第7章では協力ゲームの基礎的な考え方である「コア」を用いて，車や家などの非分割財の売買の分析をしています。第8章は先ほど述べたシャープレイ値による投票力指数の話です。第9章は第5章，第8章と同じ投票ゲームを協力ゲームのコアを用いて分析します。第10章はユダヤ教の聖典であるタルムードに書かれている不思議な分配の問題をゲーム理論で解明します。それは仁という解と関係しています。第11章はナッシュの交渉問題です。ナッシュのもう一つの大きな仕事であるナッシュの交渉解を解説します。第12章は，協力ゲームではありませんが，近年のトピックとして進化ゲーム理論を紹介して規格間競争のゲームに別の解釈を与えます。

　このように，本書で扱われるトピックは経済学から政治学・社会学・経営学まで多岐にわたります。是非，ゲーム理論のテクニックをマスターして自分の興味ある分野の問題を解決する糸口を探してほしいと思います。

　本書は，早稲田大学での筆者の講義「ゲーム理論入門」での講義内容を元に，作成されました。その講義では政治経済学部の学生をはじめとして，商

学部，法学部，文学部，工学部，さまざまな学部学生の聴講とその後のフィードバックがありました。プラス，マイナス，さまざまなメッセージを寄せて頂いた聴講学生の皆さんにも大変感謝しています。また，ゲーム理論の講義だけでなく，入門の講義を1年生向けに開講させて頂いた早稲田大学政治経済学術院の皆様にも感謝しています。

　さらに，本書の完成のためには，さまざまな方にご協力を頂きました。まず，ゲーム理論のひもときを教えて頂いた東京工業大学名誉教授鈴木光男先生に感謝いたします。そして，鈴木研究室の諸先輩の方々，慶應義塾大学名誉教授中山幹夫先生，早稲田大学教授金子守先生，東京工業大学教授武藤滋夫先生，一橋大学教授岡田章先生，また後輩の学習院大学教授和光純先生に感謝したいと思います。そこでの皆様のご指導や議論が私のゲーム理論研究の出発点となりました。とくに，中山先生と武藤先生とは協力ゲームに関して大学院生を交えた集中セミナーを毎年共催させて頂き，また『協力ゲーム理論』（勁草書房）を共著で出版させて頂きました。この他，東洋大学，早稲田大学での私のゼミや研究室に所属した院生や学部生の皆様にも感謝しています。さらに本書がこのような形にまとまったのは，新世社の皆様のおかげと思っています。本書の前に『ゲーム理論講義』が同社から出版されました。そしてその前に『演習ゲーム理論』が出版されました。そのときからの企画でした。特に，編集部の御園生晴彦さんには，最初の企画段階から長い間，大変忍耐強くお待ち頂きました。また，編集担当の谷口雅彦さんにはていねいなコメントを頂きました。ここに深い感謝の意を表したいと思います。

　2014 年 3 月

著　者

目次

第1章 ゲーム理論とは　1

1.1 ゲーム理論の射程範囲　1
複数の人間の間の意思決定の問題／相手の考えを考えることの難しさ／合理性の前提／ゲーム的な状況とは／「数理的」の意味

1.2 ゲーム理論の始まり　6

1.3 ゲーム理論の応用　7
さまざまな社会科学への応用／学校や学部の選択／生物学への応用／工学への応用／実生活への応用

1.4 協力ゲームと非協力ゲーム　11

第2章 囚人のジレンマと支配戦略均衡　13

2.1 環境問題とその解決　13
環境問題の原因／構造的問題

2.2 囚人のジレンマ　15
囚人のジレンマの状況／囚人のジレンマの表による表現／利得行列による表現／戦略形ゲームの要素／利得関数／戦略形ゲームとモデル化

2.3 囚人のジレンマを解く　20
合理的考察の帰結／支配戦略／パレート支配，パレート最適／合意の拘束力の必要性

2.4 現実問題への適用　28
自分1人ぐらい……／環境汚染の問題／軍備拡張競争の問題

2.5 解決策はあるか　31
拘束力のある合意と暗黙の協定／囚人のジレンマの繰り返し／構造の変換

2.6 囚人のジレンマの実験　34
実験で検証してみる／現実の観察も有用

第3章　規格間の競争とナッシュ均衡　　36

3.1　規格間の競争 ──────────── 36
第3世代光ディスクの規格の争い／OS規格の争い／β対VHS／チャデモ対コンボ／ネットワークの経済学／ネットワーク外部性

3.2　デートのトラブルゲーム ──────────── 40
デートのトラブル／利得行列による表現／非協力ゲームの設定／支配戦略がない

3.3　ナッシュ均衡とは ──────────── 43
ナッシュ均衡とは──その定義／手を変えると損をする──狭義ナッシュ均衡／ナッシュとビューティフル・マインド

3.4　ナッシュ均衡の求め方 ──────────── 45
デートのトラブルゲームのナッシュ均衡／手を変える順序の影響／コーディネーション問題／最適反応戦略の組／ナッシュ均衡の求め方／いくつかの注意点

3.5　囚人のジレンマとナッシュ均衡 ──────────── 50
囚人のジレンマのナッシュ均衡

3.6　規格間競争とナッシュ均衡 ──────────── 52
規格間競争ゲームのナッシュ均衡／パレート最適な組／規格間競争の特徴／規格間競争の意義

3.7　2つのナッシュ均衡 ──────────── 56
新規格と旧規格／悪い均衡からよい均衡へ

3.8　さまざまなナッシュ均衡 ──────────── 59
ナッシュ均衡はいくつ？／ナッシュ均衡が存在しないゲーム／均衡がないことの意味

3.9　ナッシュ均衡をどう解釈すべきか ──────────── 62
ナッシュ均衡は行動の指針になるか？／合理的な意思決定にはナッシュ均衡が必要／もう一つの解釈

第4章　ゲームの木と逆向き帰納法　　65

4.1　先手後手の想定 ──────────── 65
ナッシュ均衡がない規格間競争ゲーム（再録）／先手と後手

4.2 展開形ゲームによる表現 ————————————————— 66
ゲームの木による表現の方法／情報の構造

4.3 逆向き帰納法 ————————————————————— 68
逆向き帰納法による解き方／戦略の記述／先後逆のゲーム／先手と後手どちらが有利か

4.4 同時手番のケースの分析 ——————————————— 74
同時手番のゲームの木／逆向き帰納法は使えない

4.5 参入阻止問題への応用 ————————————————— 76
新規企業の参入阻止問題／参入阻止ゲーム／戦略形ゲームによる分析／脅し均衡とサブゲーム完全均衡点／本節のまとめ

第5章 戦略的投票の分析　83

5.1 国連事務総長の投票 ——————————————————— 83
国連事務総長を選ぶ／選出の仕組み／展開形ゲームによる表現／逆向き帰納法によって解く／ナッシュ均衡の計算

5.2 委員会の意思決定 ——————————————————— 93
単純多数決／3人の投票者の例／過半数多数決と過半数選択肢／アローの不可能性定理／審議の順番／戦略形表現と支配戦略均衡／A案の審議を先に行う結果／B案の審議を先に行う結果／Nの審議を先に行う結果／3すくみは解けたか／修正した委員会の意思決定問題／投票のパラドックスが起こらない条件

第6章 公共財供給のゲーム分析　108

6.1 公共財とは ——————————————————————— 108
非競合性と非排除性

6.2 公共財の費用分担ゲーム ———————————————— 110
ゲーム理論による分析／費用分担のルール／投票による決定／5人ゲームの場合／5人ゲームの支配戦略とパレート最適

6.3 囚人のジレンマの解決 ————————————————— 119
繰り返しゲームの展開形による分析／繰り返しゲームにおける戦略／サブゲーム完全均衡点

第 7 章　協力ゲームのコア（非分割財の分析）　123

7.1　非分割財の売買 ——————————— 123
非分割財とは／3人の利得分配ゲームの例／非分割財の3人での売買／交渉の仕組み／交渉の推移／交渉の結果／交渉の帰結としてのゲームのコア／交渉プロセスのコアによる説明／協力ゲームとゲームのコア

7.2　コアと市場均衡 ——————————— 134
通常の財の市場均衡／非分割財の市場均衡

7.3　コアを計算で求める ——————————— 137
3人の利得分配ゲームのコア／コアを不等式で求める／非分割財売買ゲームのコア

第 8 章　投票のパワー分析（シャープレイ値）　141

8.1　投票制度のモデル ——————————— 141
投票問題と投票のパワー／投票ルールと勝利提携／独裁者と拒否権プレイヤー／拒否権プレイヤーのいるゲーム

8.2　投票のパワー分析 ——————————— 145
投票ゲームのピボット／ピボットになる確率／独裁者と拒否権プレイヤーのパワー

8.3　投票のパワー分析の応用 ——————————— 151
株主総会における投票パワー／ピボットの確率／国連の安全保障理事会における投票パワー

8.4　協力ゲームのシャープレイ値 ——————————— 155
プレイヤーの参加の順番と貢献度／シャープレイ値の計算／シャープレイ値の公理

第 9 章　投票ゲームのコアによる分析　159

9.1　利得分配と投票 ——————————— 159
1万円の分配交渉／拒否権プレイヤーのいるゲーム／拒否権プレイヤーのいないゲーム

9.2　議案や候補者の投票 ——————————— 162
どの提案が生き残るか／支配する提案ができる提携とコア／過半数多数決ゲームのコア／独裁者，拒否権プレイヤーのいるゲームのコア／コアが存在する過半数多数決ゲーム

第10章 破産問題の分析（協力ゲームの仁） 169

- 10.1 破産問題とその解 —— 169
  タムルードと破産問題／ミシュナの分配／ミシュナの分配を財産の分配に／2人の間のさまざまな財産分配額／ミシュナの分配は公平か
- 10.2 破産問題の解の整合性 —— 176
  3人問題への拡張／タムルードの分配のタンクによる説明／整合的な分配案／4人ゲームの場合
- 10.3 協力ゲームの仁との関係 —— 181
  破産問題に対応する協力ゲーム／対応する協力ゲームのコア／コアの制限と仁

第11章 交渉問題の分析 184

- 11.1 ナッシュの交渉問題とナッシュ解 —— 184
  ナッシュの交渉問題／交渉の結果が満たすべき条件／ナッシュ交渉解
- 11.2 ナッシュ解の計算とその実践 —— 189
  ナッシュ解の計算方法／ナッシュ解の現実への応用

第12章 進化ゲーム理論入門 194

- 12.1 進化ゲームとは —— 194
  進化ゲームのプレイヤー／進化ゲームの戦略と利得／進化ゲームにおける均衡／進化ゲームにおける均衡と進化的安定戦略
- 12.2 規格の移行の問題 —— 200
  規格間の競争のゲームの再解釈／慣習の意味

さらにゲーム理論を学ぶ方のために —— 203
参　考　文　献 —— 206
索　　　引 —— 208

第1章
ゲーム理論とは

1.1 ゲーム理論の射程範囲

●複数の人間の間の意思決定の問題

　最初に，ゲーム理論を端的にいうと何かという話をしましょう。ゲーム理論とは，「多数の人々の間で相互依存関係のある状況における意思決定」を数理的に分析する学問分野です。

　ゲーム理論の第1の前提として，複数の人，すなわち2人以上の人がいることが重要です。つまり相手がいるという認識が重要です。

　自分一人の意思決定のように見えて，実は他の人の存在も考慮しなければならない意思決定はかなりあります。

　たとえば大学受験のときにどの大学を受けるかというのは，他の多くの人がどこの大学を受けるかということに依存するでしょう。あるいは観光地にドライブに行く場合の高速道路で行くか一般道で行くかという意思決定を考えると，意思決定の結果，道路が混雑するか否かは他の人の行動に依存します。

　このように，意思決定の結果が，他の人の行動に関係している場合は珍しくありません。このような状況における意思決定を考えるのがゲーム理論です。

●相手の考えを考えることの難しさ

　後の章で，ゲーム理論の応用例として経済学や政治学の話題を取り上げま

すが，そのための重要な基本的な考え方があります。

　たとえば，自動車を買うときには，値引き交渉をするケースがよくあります。そのようなときに，買い手は自分の申し出に対して売り手がどう考えるかを考えます。提示する値段がいくらだったら相手はどう反応するかと考えたうえで値引きのやりとりがあって，両者が折り合う値段で妥結します。

　しかし，こうしたやりとりを深く追究していくと，非常に難しい問題を考えなくてはいけないことになります。相手がどのように考えているか正確に予測するということです。ゲーム理論では，そのときに，相手が自分と同じように考えていると予測します。これは簡単なようで実践しようとすると大変難しい考え方です。

　それはなぜでしょう。仮にあなたが売り手で買い手の考えていることを考えたいとします。そのとき，相手である買い手も同じように売り手の考えを予測しているはずです。したがって，売り手であるあなたは，買い手が，売り手についてどのように予想しているかも考えなければなりません。これがまず第一歩です。言われれば当たり前のように聞こえますが，難しい考え方です。しかしながら話は，ここで終わりません。

　買い手である相手も，あなたと同じように考えるのですから，あなたが買い手についてどのように考えているかを考えているはずです。ということは，あなたは，「相手が，あなたが買い手についてどのように考えているかを考えている」ということを考慮しなければならず，相手も「あなたが，相手があなたについてどのように考えているかを考えている」ということを考慮しているはずです。

　容易に想像できるように，このような考え方はどこまでも深くなります。どこまでさかのぼって考えていかなくてはいけないのか，非常に難しい問題です。それをどうやって分析していけばよいのでしょうか。ゲーム理論がその方法を教えてくれます。

> **POINT1−1** ゲーム理論の基本的な考え方
>
> ● 相手がどのように考えているかを考える
> ● 相手も自分と同じように考えていると考える

● 合理性の前提

　皆さんは囲碁や将棋とかオセロ，あるいは麻雀といったゲームをしたことがあるでしょうか。それらのゲームにはあまり縁がないという人は，じゃんけんを何回戦かすることを思い浮かべてください。

　そうしたゲームで勝とうとするなら，考えるべきことは「相手の手を読む」ということです。ところが，相手の手を読むときには，当然同時に相手もこちらの手を読んでおり，お互いに手を深く読み合うことになります。

　その際，ゲーム理論では，自分・相手とも合理的な手を取ることを仮定します。人間は合理的ではないと反論する人もいると思いますが，こうしたゲームにおいては合理的に考えることが重要であって，多くの場合，合理的に考え抜かれた手が勝ちます。

　人々が合理的ではないと考える場合でも，ひとまず，もし，皆が合理的であったらどのような帰結になるかと考えてみることは大変に参考になります。それをゲーム理論が与えてくれるわけです。

　実際のゲームで果たして 3 回も 4 回も先まで手が読めるでしょうか。相手がどう考えているかということを，きちんと考えることができるでしょうか。これは非常に難しいことですが，ゲーム理論では，大前提として，手を考えていく際になされる意思決定の過程は合理的であると考えます。そして，私だけでなくあなたも，そしてゲームに関係する者すべてが合理的に意思決定を行うと仮定します。それゆえ，私が考えることは他の人も考えるという考え方が重要になるわけです。

　私が思いついたすばらしい考えは他の人には考えつかないだろうと考える

のはゲーム理論では間違った考え方で，ゲーム理論の前提では私が考えつくよい手は皆も考えつくと考えます。

エジソンなどの有名な偉人の逸話では，他の人が考えつかないことを考え出したことがポイントになります。それはすばらしいことですが，普通の状況で，多数の人々の間で意思決定をするとき，私だけが特別によい考えを思いつくということは，あまりないように思えます。私が考えつくことは，たいてい他の人も考えつくと思われます。そのような前提の下で，どういう行動が合理的であるかを考えなければなりません。

● ゲーム的な状況とは

さて，ゲーム理論の分析では，複数の人がいたとしてもその間に関係がなければ意味がありません。

2人の人がいても没交渉で，全く影響がないのであれば，ゲーム理論で扱う意思決定問題ではありません。相手と私の間に相互依存関係があり，私の行為が相手に影響するとき，たとえば，私がある商品を買ってしまうと，他の人が買えないという影響がある，といった状況であることが必要です。そのような状況のことをゲーム的状況といいます。

経済学の中において挙げられる事例は多くの場合，ゲーム的状況といえますが，そのようにいえない場合もあります。たとえばミカン1個を私が買ったら，日本中のミカンの総量はほんの少し少なくなるはずですから，ミカンの価格はほんの少しだけ上がるかもしれません。しかし，私たちはそんなことを考えてミカンを購入しません。私がミカンを1個購入したら，日本中のミカンを購入する人に影響があるとは思わないわけです。そういった大人数の市場の話は，ゲーム的状況でないと考えられます。（実はそれもゲーム理論を用いて分析することはできます。）

ゲーム的状況といった場合には，複数の人がいて，その間に関係性があると考えてください。あまり人数が増えると関係性が希薄になります。より具体的にいうと，2人，3人，5人，せいぜい，10人ぐらいまでがゲーム的

状況の範囲といえます。100人のゲーム，あるいは，日本中全員のゲームを考えると，これはゲーム的状況ではなくなります。ゲーム理論の研究の中では1,000人，2,000人のゲームを考察することもあるのですが，基本的に少ない人数を取り扱うと思ってください。

一方，経済学では大人数の存在が前提となります。競争市場では一人ひとりの意思決定が他人に影響しません。そういう状況で価格メカニズムがどう働くかという話をするのがミクロ経済学の価格理論ですから，前提としている人数の面ではずいぶん違っていることに注意してください。

POINT1-2　ゲーム理論の前提

● 相互依存関係のある状況における意思決定問題である
● 合理的な意思決定である

●「数理的」の意味

本書で扱うゲーム理論の説明では，ほとんど数学を使いません。簡単な数学を少しだけ使いますが，基本的にはそれは前面に出ません。冒頭の定義で「数理的に」と書いてあるのにおかしいと思われるかもしれませんが，ゲーム理論では別に高校数学の微分の公式を駆使するとか，確率論を最大限に使うわけではありません。それでは，どういう意味で「数理的」なのかというと，論理の厳密性を求める，という点においてです。

先ほど説明したように，私はあなたがどう行動するかを想定しなくてはいけません。そのときあなたは私がどう行動するかを考えているはずですし，そのあなたは，私があなたの行動をどう思っているか，ということを考えなければなりません。このような複雑なことを，論理的にきちんと考えていく必要があります。

そのためには論理の厳密性が重要になります。論理的にきっちり分析した

いので，中学校の数学の図形の証明のような議論が必要です。段階的な証明の議論を思い浮かべて頂けるとよいかもしれません。

　本格的にゲーム理論を勉強しようする際には，やはり確率の話や微分の話などが出てきます。けれども，基本的に本書では，そういった数学的な手法を必要としません。論理の力でゲーム的な状況を分析していこうというのが，この本のスタンスです。論理の厳密性を追究していくと一番便利な道具は数学なのですが，その厳密性を多少犠牲にして，わかりやすさと理論の説明力に重きを置きました。

POINT1-3　「数理的」とは？

「多数の人々の間で相互依存関係のある状況における意思決定」を<u>数理的に分析する理論</u>

↑

中学数学の図形の証明のような議論を行う（論理の厳密性が重要）

1.2　ゲーム理論の始まり

　ゲーム理論はいつ始まったかというと，古くはギャンブルの話までさかのぼります。ここでお話しするゲーム的状況を分析する近代的なゲーム理論は，フォン・ノイマン（1903-1957）とモルゲンシュテルン（1902-1977）という2人の人物がその創始者です。

　フォン・ノイマンの名前は聞いたことがある人がいるかもしれません。ハンガリーのブダペスト出身の数学者で20世紀の知的巨人といわれた人です。メモリにプログラムをデータとして蓄積し動作させる現在のコンピューターの仕組みを考え出したので，現在のコンピューターはノイマン型といわれています。量子力学にも精通している一方，経済学での貢献も大きく，フォ

ン・ノイマンの多部門経済成長モデルも有名です。

　フォン・ノイマンがあまりにも有名なので，モルゲンシュテルンという名前は知らない人が多いかもしれません。この人はドイツ生まれの経済学者で，モルゲンシュテルンが，経済学的に難しい問題をどのように分析すればよいかと相談したことをきっかけとして，フォン・ノイマンとの共同作業でゲーム理論の基礎が創り上げられたといわれています。この2人が出会ったことで，ゲーム理論が始まり，彼らの研究は1944年に第1版が刊行された *Theory of Games and Economic Behavior* という本に結実しています。この本は『ゲームの理論と経済行動』という書名で日本語にも翻訳されていますが，最初の翻訳版は全5巻の大著です。2009年に新たな翻訳版も出版されました。

　後ほど詳しく説明しますが，ゲーム理論は，大きく非協力ゲームと協力ゲームに分けられますが，この本では最初の少しの部分が非協力ゲームですが，その後はほとんど協力ゲームの議論となっています。とくに3人の間で生ずる問題を集中して分析しています。

　なお，もう一人，ゲーム理論で重要な人物として，この本の中でもよく出てくる概念，ナッシュ均衡の考案者である，ナッシュ（1928–）という人がいます。数学の分野の出身ですが，1994年にノーベル経済学賞を受賞しています。ナッシュは非常にユニークな人で，その半生を描いた，*A Beautiful Mind*（2001年）という映画もあります。ナッシュについては第3章で改めて紹介します。

1.3　ゲーム理論の応用

●さまざまな社会科学への応用

　ゲーム理論は，経済学をはじめとして，政治学，経営学，会計学，社会学など，多方面において応用されています。

　経済学の例については前述しました。政治学ではたとえばどの政党に投票

すればよいかという問題をゲーム理論で分析することができます。人々の投票の結果は，他の人の行動に依存します。そもそも投票に行くか行かないかという行動も，ゲーム的状況における意思決定の問題です。

　経営学では，企業が今年はどのくらいその商品を売り出すのか，新しい商品開発にどのくらい投資するのか，価格をどう設定するのか，などといった問題をゲーム理論で分析できます。また，協力ゲームの考え方を使って会計学の問題を分析することもできます。その他，たとえばどの男性とどの女性のペアを作るのがよいかという結婚の問題にもゲーム理論が使われています。これは，最近では次に述べる学校選択の問題の研究につながっています。

● 学校や学部の選択

　教育方面においては，学校選択の問題にゲーム理論が応用されています。学生が学区の中のどの学校に希望を出せばいいか，学校側はどの学生を受け入れるべきか，どのように学生を学校に割り当てることが社会的に望ましいかという問題についての分析です。

　たとえば，早稲田大学の附属高校の学生は，ある成績を持っていれば100％早稲田大学へ入れるのですが，学部はいろいろあり，学部ごとに入学者数の上限があります。そうすると志望学生をどのように各学部に割り当てればいいかという問題が生じます。これはゲーム理論の最先端の研究であるマッチング理論と結びつくもので，2012年のノーベル経済学賞を受賞したロイド・シャープレイとアルビン・ロスはこのマッチング理論の研究者でした。実は，シャープレイらの最初の研究が公表される前に，早稲田大学の附属高校の学生を各学部に割りあてる方法においてシャープレイらの研究と同じマッチングの原理が使われていました。これは，大変興味深いことです。ただし，現在は異なる方法です。

● 生物学への応用

　最近ではゲーム理論は生物学とも結びついています。生物の進化とゲーム

理論は関係していて，どうしてある種が生き残ってきたのだろうかといった問題の説明にゲーム理論を使うアプローチが盛んです。逆に生物学での研究成果によりゲーム理論の方も発展し，現在の経済のダイナミズムを説明するという理論もできています。前述のようにゲーム理論は，相手の行動を読むという話を基にしているので，当然，心理学にも影響しており，最近では感情のようなものまでゲーム理論において説明するという試みもなされています。

● 工学への応用

　工学の分野にも，ゲーム理論が使われています。たとえばインターネットオークションの設計に貢献しています。

　インターネットオークションでは，終了間際に非常に沢山の入札が送信され，最後の一瞬で落札者が決まることがあります。これは価格の競争というよりも，時間の競争となり，本来のオークションの趣旨から外れてしまうかもしれません。そのような行動へ対処する仕組みの考案に，ゲーム理論の考え方が使われています。

　また，工学でオペレーションズリサーチという分野があります。企業の最適な生産計画の分析などをする研究分野ですが，より一般的にいうと，企業の問題に限らず，経済社会に生ずるさまざまな問題を科学的に解決する手法を研究する分野です。ここでも自分と相手の行動を考えることからゲーム理論に結びついています。

　Yahoo!やGoogleでも，ゲーム理論の研究者が活躍しています。Googleで検索していると，画面右横に広告がよく現れます。たとえばGoogleで「受験」という語を検索すると，予備校の広告が出てきます。また，「破産」を検索すると弁護士事務所の広告が出てくるようなことがあります。このときの広告のポジションは実はオークションで決まっています。一つひとつのキーワードに対し，広告の順番はオークションで決まり，その仕組みを作るのにゲーム理論が応用されています。最近では，テレビの広告

枠をインターネットのオークションで売るような計画もあり，その仕組みはゲーム理論の考え方を用いて設計されています。

● 実生活への応用

　実生活では，ゲーム理論をベースにした交渉戦略のようなものも考えられるでしょう。しかしながら，人々の行動が必ずしもゲーム理論通りに合理的ではないという問題があります。

　このようなことを背景として，最近，ゲーム理論のテーマに沿って，実際に人々を集めて意思決定の実験を行い，その選択行動を研究することが盛んになってきました。これは，実験経済学とか実験ゲーム理論と呼ばれています。

　こうした実験では，アルバイトとして集まった参加者に実験室でいろいろな意思決定をしてもらい，その結果に応じて謝礼を支払います。実験室ではいろいろな状況をコントロールでき，誰にどれだけの利益がいくかといったことを厳密に定義できるので，さまざまな状況を設定して人間の行動を観察することができます。実際の理論とどう違うのかとか，違うのならば，なぜ違うのかを考え，理論の修正や新しい理論の創造などが進められています。

　先に書いたように，ゲーム理論では，私はあなたのことを考えなければいけません。しかし，そのとき，あなたは私のことを考えているはずですし，そのあなたが，私があなたのことを考えていることを考えているはずです。理論的には，これが無限に続きます。

POINT1-4　ゲーム理論の応用分野

- 人文社会科学：経済学，経営学，会計学，政治学，社会学，心理学
- 自然科学：生物学
- 工学：コンピューター科学，オペレーションズリサーチ
- 実生活：処世術と実験における意思決定

しかし，生身の人間はそんなに先まで考えることはできないと容易に想像できます。それでは，どのくらい先まで考えることができるかというと，だいたい相手のことを考えるまでで終わってしまう人が多く，その先まで考える人は少ないといえます。その先の先まで考える人はほとんどいません。こうしたことが最近の実験の結果としてわかってきています。

1.4　協力ゲームと非協力ゲーム

このように多方面で応用されているゲーム理論ですが，ここでゲーム理論は 2 つに分けられることを説明しておきましょう。それは協力ゲームと非協力ゲームです。ある条件の下で，協力が前提となるかどうかという分類で，協力が前提となるのが協力ゲームであり，そのような前提がなく，協力がなぜ起こるのか，あるいは起こらないのかという分析をするのが，非協力ゲームです。

具体的にいうと，ある契約を結ぶことで協力関係を築くとして，その契約をいったん結ぶと，破棄できないという条件で考えるのが協力ゲームで，いつでも破棄することができると考えるのが非協力ゲームになります。本書では両方の理論について紹介します。このとき，1 つの問題をこのどちらの手法で分析することもできます。たとえば，本書では投票の問題を非協力ゲームと協力ゲームの両方で分析します。

個々人の合理的な意思決定の帰結が何であるか。それで協力が起こるかどうかという話をするのが非協力ゲームです。一方，協力することを大前提であるとするとグループとしての合理的な行動の話になります。そしてその協力の成果をどのように分けるべきかという問題を考えるのが協力ゲームです。

経済学の中の大きな分析すべき目標として，資源分配というものがあります。なぜ私たちが経済学を研究しなくてはならないかというと，世の中の資源が十分に潤沢でないからです。誰でも好きなだけものがもらえるのであれば，経済学は必要ありません。現実にあるほとんどの資源は，すべての人々

の欲求を満たすだけ存在しないので，それらの資源の分配の問題が重要になります。その分配の問題に直接結びつくのが協力ゲームです。したがって，ゲーム理論が表れた初期の頃は，経済学の分析に協力ゲーム理論が盛んに使われていました。

　しかし，その後，さまざまな市場の失敗の問題を分析するために，非協力ゲームの考え方が有効であることがわかり，現在では非協力ゲームが経済学への応用として主流となっています。非協力ゲームでモデル分析を行うと，個々人の意思決定からすべて構築していくことができるので，多様な分析ができますが，そこから協力による分配の問題まで連結させようとすると，大変複雑になる場合があります。最近では，協力ゲームによる新しいタイプの分析も始められ，経済分析への応用として復活してきています。

> **POINT1-5**　協力ゲームと非協力ゲームの違い
>
> ● ある条件の下で「協力」が前提になるかどうか？
> 　→ある協力に関する契約をいったん結ぶと破棄できないという条件で考えるのが協力ゲーム，いつでも破棄することができると考えるのが非協力ゲーム

第2章
囚人のジレンマと支配戦略均衡

2.1 環境問題とその解決

●環境問題の原因

　地球温暖化をはじめ，現代ではさまざまな環境問題が山積していますが，そうした問題についてはおそらく誰もが環境は保護すべきだと考えるでしょう。どの国もよい自然環境を維持して国民の福祉を向上したい，と思うわけです。ところが，実際にはなかなか環境問題は解決しません。これはどうしてでしょう。

　環境問題への取り組みが不十分で，まだ環境の大切さがよく理解されていないからでしょうか。もしそうだとしたら，環境の重要性をとにかく頭にたたき込むような教育をすれば，環境問題は解決するのかもしれません。はたしてそうでしょうか。もっと重要な別の方法があるのではないでしょうか。

　私はよい環境に住みたいと思っており，たぶん他のほとんどの人も同じようによい環境に住みたいと思っていると思います。皆がそう思っているとわかっているにもかかわらず，なぜ環境問題を解決することはできないのでしょうか。

　たとえば，身近な環境問題ということで，小学校や中学校のときの教室の掃除当番あるいは掃除の時間を思い出してみましょう。きれいでごみの落ちていない教室で勉強したいと，みんな思うでしょう。

　ところが掃除の時間になると，みんなには悪いと思いながら，他の人に掃除を任せて，サボって早くうちへ帰りたい，あるいは遊びに行きたいと考え

る人が多いと思います。当番なのにサボって帰るという経験に心当たりがある人もいるでしょう。

それは，教室の掃除という身近な環境問題への取り組みが不足していたからでしょうか。生徒が不まじめだからなのでしょうか。この不まじめさを矯正すれば問題は解決するのでしょうか。

● 構造的問題

本章の視点では，これを個人の不まじめさの問題としてではなく，システムの問題，ルールの問題，あるいは構造的な問題ととらえます。すなわち，そういう社会的な構造が，人々のこのような行動を導き出すものと考えます。

もちろん，人々にまじめな行動を強制し，皆がそれをすんなり受け入れ，まじめに行動してくれれば，何も変えなくても環境問題は解決するかもしれません。しかしながら，ご存じのように，みんなが共通に環境をよくしたいと思うのに，なかなか問題を解決できないという状況が長く続いているわけです。

この章では，問題が起こる原因が，ルール，社会，構造に関係するということを明らかにし，その問題をゲーム理論により考察し，解決策を導こうと考えます。環境問題にはどういう構造的な問題があって，その構造的な問題を解決するにはどうしたらいいかということについてふれていきます。

それでは早速，内容に入りましょう。まず，環境問題に全く関係ないように思える2人の囚人の話から始めます。それは「囚人のジレンマ」として有名なゲームです。

2.2　囚人のジレンマ

●囚人のジレンマの状況

2人の囚人AとBがいます。彼らはある犯罪の共犯者で，別々の取調室で取り調べられています。（まだ，取り調べ中ですから本当は「囚人」でなく「容疑者」ですが，「囚人のジレンマ」の名前で知られています。）この取調室は隣り合っているわけではなく，互いに，何も情報の伝達，コミュニケーションができないと考えてください。そこで，2人は，完全に独立に取り調べを受けています。

いま，この2人は，「黙秘をするか」「自白をするか」という選択を迫られています。したがって，この取り調べに対して，2人の囚人は黙秘して何もしゃべらないか，共犯であるという自白をするか，という二択を考えています。この状況は下のようにまとめられます。

BOX2-1　囚人のジレンマ

■2人の囚人（共犯容疑者）
■黙秘（協力）か自白（裏切り）を選択
■2人とも黙秘だと双方1年の刑
■2人とも自白だと双方5年の刑
■1人黙秘，1人自白　→
　黙秘の者は6年の刑，自白の者は無罪放免

その状況を具体的に説明しましょう。2人の囚人が黙秘をしていると，軽微な罪で立件するしかなく，双方とも1年の刑を言い渡されます。一方，2人とも自白をすると，互いに共犯であると認めたことになり，双方とも5年の重い刑になります。

次が巧妙にできているのですが，一方が黙秘して一方が自白をすると，黙秘した人は6年の一番重い刑になり，自白をした人は無罪になってしまい

ます。これは不思議に思うかもしれませんが，司法取引といって，警察の取り調べに協力し，自白した犯罪者は，それに応じて罪を軽減するという仕組みがあり，実際にアメリカなどで行われています。

● 囚人のジレンマの表による表現

このような構造がどのように機能していくかを，ゲーム理論を使って分析しようというのが本章の目的です。話のままですと分析しにくいので，表にしてみましょう。それが囚人のジレンマの表です。

ここでAとBと書いてあるのは，2人の囚人AとBを表しています。Aは黙秘をするか自白をするかという2つの選択があり，Bも黙秘をするか自白をするかという2つの選択があります。2人とも黙秘をすると，左上のマスになりますが，双方1年の刑を言い渡されます。左側の数が囚人Aの刑の長さです。右側の数が囚人Bの刑の長さになります。それが，マスの中に-1, -1と表されています。

BOX2-2 「囚人のジレンマ」の表による表現

A \ B	黙秘	自白
黙秘	-1, -1	-6, 0
自白	0, -6	-5, -5

一方，2人とも自白をすると右下のマスで，2人とも5年の刑ですから，-5, -5と表されています。さらに，Aが黙秘をしてBが自白をすると右上のマスで，Aは-6，Bは0になります。黙秘したAは，一番重い6年の罪になり，自白したBは，無罪放免になるというわけです。

逆に，Aが自白してBが黙秘すると，左下のマスになります。Aが0，B

が−6 すなわち，6年の刑に服すことになります。こうして先ほどの囚人の間の相互依存関係が表によって明示されました。

● 利得行列による表現

　これを，数値の大小関係がより直感的にわかるようにプラスの数に変換したいと思います。そこで，AもBも全部の数字に6を足してみましょう。たとえば黙秘，黙秘の場合は，6を足すと5になります。黙秘，自白のところは（0, 6），自白，自白のところは（1, 1）というようになるわけです。そのようにして変換したものが，BOX2-3 です。表では 0, 6 や 1, 1 のように（　　）をつけずに示していますが，本文ではわかりやすいように（　　）をつけて表現します。

　この表は利得行列と呼ばれています。見ていただければわかるように，選択の名称も変えています。先ほどは黙秘，自白という選択であったものが，「協力」，「裏切り」という選択になっています。黙秘というのは囚人同士にとっては協力をすること，自白というのは，相手の囚人に対する裏切りですので，このような選択の名称にしました。

BOX2-3　「囚人のジレンマ」の利得行列による表現

A \ B	協力	裏切り
協力	5, 5	0, 6
裏切り	6, 0	1, 1

　Aは「協力」か「裏切り」を選び，Bも「協力」か「裏切り」を選びます。その結果，何が起こるかが，そこに書かれているわけです。左側が一般的にAの得る結果，右側がBの得る結果を表しています。それぞれの結果

が数値化されています。この数値化されたものを利得と呼びます。経済学の言葉でいうと「効用」に対応するものです。2人はできるだけ大きな利得を獲得したいと考えています。

これで囚人同士が置かれている状況を，きちんと定式化，モデル化することができたことになります。2人の状況すなわち問題の構造が明らかになったわけです。

● 戦略形ゲームの要素

ここで表現したゲームは戦略形ゲームと呼ばれているものです。戦略形ゲームはプレイヤー，戦略，利得関数によって規定されます。2人の囚人をゲームのプレイヤーと呼びます。すなわち，プレイヤーA，プレイヤーBです。この場合，プレイヤーが2人ですので，2人ゲームと呼びます。もちろん，プレイヤーの人数は2人以上であれば，何人でもかまいません。彼らは2つの選択肢，「協力」，「裏切り」のいずれか1つを選びますが，この選択肢がゲームにおける戦略です。

ゲームを作って分析するためには，まずプレイヤー，誰が意思決定をするのかを決めなければなりません。別に，プレイヤーは人でなくても構いません。たとえばアメリカや日本などの国家も，1つの意思決定をする主体と考えればプレイヤーです。動物や自然をプレイヤーとして考えることもあります。特殊なケースとして第12章で出てきますが遺伝子をプレイヤーと考えることもあります。ともかくプレイヤーが誰か，意思決定をするのが誰かというのを決めることが重要です。

囚人のジレンマゲームにおいて，取調官も，もしかすると選択の強要を迫っているので，そういう意味でゲームに参加していると考える人がいるかもしれませんが，それはこの問題の主要な構造には関係ありません。選択をしない登場人物はプレイヤーと呼びません。ここでは問題となっている状況の中で取調官は戦略を選ばないと考え，取調官はプレイヤーから除外されているわけです。

次に，ゲームを作って考察するためには各プレイヤーはどういう戦略を選択できるのかを記述しなければなりません。どのような範囲で選択が可能であり，どのような選択は不可能であるかを明確にすることが重要です。なお，2人のプレイヤーの選択肢の範囲が同じであるとは限りません。すなわち2人の持つ戦略の範囲が異なることもごく普通にあります。

●利得関数

囚人2人が戦略を選ぶと，それに応じて2人の利得が定まります。それが<u>利得関数</u>です。数学的には戦略の組に利得の組を対応させる関数であるため，このように呼ばれます。2人ゲームの場合には行列の形で表現するので前述のように利得行列と呼んでいます。関数という数学的な用語が出てきていますが，それは単に戦略の組と利得の組の間の関係を表しているに過ぎません。

ここで，「組」と書いてあるのに気をつけてください。利得はプレイヤーらの戦略の組に対応していることが重要です。自分が戦略を取ると，自分の利得がそれに応じてすぐ決まるというわけではありません。もし，そうだとすると，それは，1人の意思決定問題になってしまいます。ここでは複数の人が，それぞれの戦略を決めると，それに応じてはじめて，各人の利得が定まることになります。

●戦略形ゲームとモデル化

以上の要素を決定すると，現実の状況をゲーム理論で分析することが可能になります。これで，戦略形ゲームを定式化することができました。このゲームを<u>標準形ゲーム</u>と呼ぶこともあります。

なお，このように現実の状況からゲームを作ることを，<u>モデル化</u>といいます。現実は非常に複雑なさまざまな状況が絡み合っています。その中から重要な部分を取り出し，誰がプレイヤーであるか，どれが戦略であるか，何が結果であり，それに応じてプレイヤーの利得がどうなるか，という点を明確

化したものがゲームです。ですから，モデル化してゲームを作る方法に，分析者の力量が問われることになります。

> **POINT2-1** 戦略形ゲーム
> - プレイヤー…A，B
> - 戦略…協力，裏切り
> - 利得…表（行列）の数値
> - 利得関数…戦略の組と利得の組の関係

2.3　囚人のジレンマを解く

　さて，次はこのゲームを解くことを考えます。

　「解を求める」ということは何かを正確に定義しようとすると難しいのですが，ここでは「合理的な行動の帰結を明確に議論する」ということにしましょう。ゲーム理論は合理的なプレイヤーを前提としているわけですから，プレイヤーが合理的であったときに何を選び，どの結果が生じるかの帰結を明らかにしたいわけです。

●合理的考察の帰結

　これはどのように考えればよいでしょうか。もしあなたがプレイヤーAであったとすると，あなたは相手であるプレイヤーBがどちらの戦略を取るかを，当然考えるわけです。もし，相手が協力を取るだろうと考えた場合はどうしたらいいか，相手が裏切りを取るだろうと考えたらどうしたらいいかということを考えるのが普通です。別々の部屋にいるけれども，相手は何を取るだろうかと予想するわけです。

　もしプレイヤーBが協力を取るならば，あなた（プレイヤーA）の利得は

マスの左側に書かれている数字ですので，あなたは自分の選択によって5を得るか6を得ることになります。そうすると，そのときの大きな方の利得，すなわち利得6を得るために裏切りを選んだ方がいいということがわかります。

しかし，相手は協力するかどうかわからず，裏切りを取るかもしれないことを考慮しなければなりません。裏切りの選択を取るだろうと考えた場合，あなたの得る利得は0か1です。ということは，相手が裏切ったときも，利得の大きな方の1を得るために裏切りを選択した方がいいということがわかります。

これはかなり単純な理屈です。相手の取りうるいろいろな選択を考慮し，相手が協力を取ろうが裏切りを取ろうが，自分は裏切った方がいいということがわかったわけです。ということはこの帰結として，常に裏切った方がいいというのが賢い考え方です。ここではプレイヤーAが裏切りを選ぶというのが合理的帰結といえます。

次に，Bの考え方を考えてみましょう。

これにも上と同じ論理が働きます。Aが協力を取るとすれば，Bにとって，協力を選ぶと5の利得，裏切りを選ぶと6の利得ですから，裏切りを選ぶべきです。Aが裏切りを選ぶのであれば，協力に対する利得0，裏切りに対する利得1であるので，やはり，裏切りを選ぶべきです。

以上の考察の結果，2人とも裏切りを選択して，その結果2人の利得はそれぞれ，(1, 1)になると予想されます。

この議論では，相手の行動を考察はしていますが，相手が合理的であるか否かは関係ありません。相手が慎重な考えの末，あるいは，全く考えることなく，取る戦略の決定に至ったとしても同じ帰結が得られます。

以上の議論は，プレイヤーごとにその論理を考えましたが，実はすべてのプレイヤーが合理的であれば，どのプレイヤーかを特定して議論する必要はなく，すべてのプレイヤー，そして，そのゲームの分析者も全く同じ論理で同じ結論に至ると思われます。この点はこの章ではそれほど重要ではありま

せんが，注意しておきたいと思います。

● 支配戦略

　このように「裏切り」戦略は，相手が何を取っても，「協力」戦略より利得が大きい戦略です。そういう状況のとき，「裏切り」戦略は「協力」戦略を支配するといいます。同時に，「裏切り」を支配戦略であるといいます。

　ただしこれには少し注意が必要です。これは戦略の数が2つのときの話であり，戦略の数が3つとか4つになってくると，関係が複雑になります。たとえば，戦略の数が3つあると，戦略1が戦略2を支配して，戦略2が戦略3を支配して，戦略1が戦略3を支配する，というようなことがあるかもしれません。そこで，支配戦略という言葉は，他のすべての戦略を支配するときに使います。この例では，戦略1が支配戦略です。

　なお，支配戦略は常に存在するとは限りません。また，2つの戦略の間で必ず，一方が他方を支配するということもありません。

BOX2-4　支配戦略

A\B	協力	裏切り
協力	5, 5	0, 6
裏切り	6, 0	1, 1

「裏切り」戦略は「協力」戦略を支配

　囚人のジレンマゲームでは「裏切り」戦略と「協力」戦略しかないので，「協力」を支配している「裏切り」を支配戦略と呼ぶというわけです。BOX2-4の表では，Aの「裏切り」戦略に対応するAの利得が大きいので，その部分を強調して表示しています。

BOX2-5 を見てください。このように A の支配戦略は裏切り，B の支配戦略も裏切りです。その組は結果として（1, 1）となります。このような支配戦略の組を<u>支配戦略均衡</u>といいます。これは，先ほどの合理的な考察の帰結です。実は，これはナッシュ均衡にもなっていますが，それは次の章で説明します。

BOX2-5　支配戦略均衡

A＼B	協力	裏切り
協力	5, 5	0, **6**
裏切り	**6**, 0	**1, 1**

　支配戦略は，非常に強い考え方です。皆さんが日々の行動選択をするとき，たとえば朝起きてどういう経路で会社へ向かうかというときに，だいたいいつも同じ経路を取ると思います。それは，おそらく，それが支配戦略だからです。日によってさまざまな状況が起こり，他の人々の選択行動が変わるわけですが，常に自転車で行くのが安くて速いのであれば，わざわざバスで遠回りをするとか，歩いて時間をかけたりしないわけです。それは，その行動を取った方が常によいと知っているからです。

　どんな状況が起きても，ある行動がベストであれば，それは支配戦略になるわけです。ただし，雨の場合はバスで行った方がよいのであれば，自転車で行くのは支配戦略ではありません。この状況は 2 人ゲームではありませんが，自然をプレイヤーと考え，それが晴れか雨かを選択すると考えれば 2 人ゲームの考え方を適応できます。

　支配戦略の考察は，実はあまりゲーム理論的ではありません。支配戦略が存在すれば，相手のことを考える必要がありません。ですから，相手が合理的であろうがなかろうが，相手が宇宙人だろうが，相手が自然だろうが，支

2.3　囚人のジレンマを解く　23

配戦略を取る方が明らかに賢明です。ゲーム理論では相手の合理性を仮定した意思決定を分析するといいながら，支配戦略はそれを必要としない考え方というわけです。

● パレート支配，パレート最適

さて，なぜこの話が環境の問題に関係するのでしょうか。最初の囚人の話に戻ってみると，支配戦略の議論から2人の囚人とも自白をして，重い刑を受けることになるという帰結になります。やはり悪いことをした人は重い罪を受け，めでたしめでたしとなると思えますが，これを環境の問題にあてはめてみると，そううまくはいきません。

各プレイヤーは，この状況をどう評価するでしょうか。彼らは2人とも裏切りを選択して，(1, 1) の利得を得るのですが，よく見ると (5, 5) という結果の方が2人ともよいのです。このような利得の組，(5, 5) のことをパレート最適になっているといいます。

まず直感的にパレート最適性について説明しましょう。

支配戦略均衡の与える (1, 1) よりも2人にとって，ともによいのは (5, 5) です。すなわち，2人とも5年の刑を受けるより，ともに1年の刑を受ける方がよいわけです。(協力，協力) の結果は (裏切り，裏切り) の結果よりも2人ともよいのです。このようなとき，前者の結果は後者の結果をパレート支配するといいます。

支配という言葉が，戦略の支配と重なっていますが違う意味を持つことに注意してください。これは2つの結果の間の社会的な優劣性を評価していると考えられます。パレート (1848-1923) は有名な経済学者で，彼は社会的厚生の基準，いわゆるパレート基準について研究を行いました。

この2つの結果の間の優劣基準ですべての結果間の比較をしましょう。結果Aが結果Bをパレート支配し，結果Bが結果Cをパレート支配していれば結果Aは結果Cをパレート支配します。一方，2つの結果の間でパレート支配の関係がないこともあります。そのように比較していくと，ある

結果をパレート支配する結果が全くない場合があります。そのような結果をパレート最適といいます。

BOX2-6 を見てください。囚人のジレンマでは結果が 4 つありますが，(5, 5) より 2 人ともよくなる結果はありません。したがって，(協力，協力) はパレート最適です。対応する利得の組 (5, 5) をパレート最適であるという場合もあります。

他の結果も見てみましょう。(6, 0) より 2 人ともよくなる結果はありません。すなわち，(裏切り，協力) もパレート最適です。どちらか 1 人が最大の利得を得ていると，その人はそれ以上の利得は得られないので，必ず，パレート最適になることに注意してください。同様に (協力，裏切り) もパレート最適です。なお，(裏切り，裏切り) はパレート最適ではありません。

BOX2-6　パレート最適・パレート支配

A \ B	協力	裏切り
協力	5, 5	0, 6
裏切り	6, 0	1, 1

細かいことですが，上の場合，(5, 5) は (1, 1) を強パレート支配するともいいます。

それに対し，弱くパレート支配するという状況もあります。ここで，「弱く」というのは，2 つの結果を比べたとき，1 人は変わらず，1 人だけよくなってもよいと考えて比較することです。このとき，よい方の結果は悪い方の結果を弱パレート支配するといいます。ある結果に対し，それを弱パレート支配する結果がないとき，強パレート最適といいます。なお，弱パレート支配の比較関係を多人数の間で考えるとき，1 人だけよくなり，他のすべて

の人は変わらない場合も含めて優劣を考えます。

　皆でお金を分けることを考えましょう。いま，100万円を100人で分けるとします。その分け方すべてを「結果」と考えます。全員が1万円受け取るのはパレート最適な分け方です。それをパレート支配する分け方はありません。1人が50.5万円を受け取り，残りの99人が5,000円受け取ることもパレート最適です。誰か1人が100万円を独り占めして，他の99人は0というのも，パレート最適です。

　パレート最適というのは経済学で重要な効率性の概念ですが，それには「独り占め」のような不公平な結果が含まれていることに注意してください。99人には大きな不満があっても，パレート最適というのです。

　パレート最適でない分け方には次のようなものがあります。全員で9,000円ずつ受け取り，残った10万円を捨ててしまうという分け方です。もちろん，この分け方より，全員が1万円をもらった方がよいので，その分け方は9,000円ずつ分ける分け方をパレート支配します。したがって10万円を捨ててしまうような分け方はパレート最適ではありません。誰かの独り占めよりも残りの99人はこちらの分け方の方がよいはずですが，こちらは，パレート最適ではありません。パレート最適とはこのような判断基準です。

POINT2-2 　パレート最適

- 利得の組についての性質
- 2つの利得の組に対し，全員がある組を他の組より好めば，強パレート支配
- 全員のうち，何人かが変わらないときもOK → 弱パレート支配
- その利得の組を強パレート支配する利得の組がない → 弱パレート最適
- その利得の組を弱パレート支配する利得の組がない → 強パレート最適

●合意の拘束力の必要性

　囚人のジレンマに戻って考えましょう。支配戦略均衡の（裏切り，裏切り）は（協力，協力）にパレート支配されているので，パレート最適ではありません。2人の囚人は，パレート最適な結果（協力，協力）を目指したいはずです。ところが，戦略の支配という大変強い合理性の論理から（裏切り，裏切り）という結果になることが結論されたわけです。その結果が（1，1）でした。この状況こそがゲームの構造の問題です。どんなに，2人にとってよい結果である協力を目指そうと思っても，それがかなわない構造的問題が生じているわけです。囚人のジレンマにおいて，共犯証言による司法取引がうまくいくのはこのような理由でした。

　これはよく考えると不思議です。あらかじめ，協力を取るという，強い約束をしておけばよいと思うかもしれません。囚人たちは，このような取り調べがあるということをあらかじめ知っていれば，取り調べの前に2人とも協力するという強い約束をすることができると思われます。この約束の後，2人は別室に入れられ，黙秘するか，自白するか，すなわち，協力か裏切りかの選択を迫られるわけです。強い絆で結ばれ，しかも相手を信用していれば，協力してもよさそうですが，自分の利得を考えれば，裏切った方が常に得をするという結論になります。裏切りの強力な誘因があるわけです。

　ただし，これには，いくつかの仮定があります。まず，戦略を決定する時に2人の間でコミュニケーションはできません。また，この決定後，2人は二度と会うことはないとします。約束を破ったことが後で問題にならないのであれば，支配戦略である裏切りを選ぶわけです。これは個人の属性や資質の問題ではありません。それは，一言でいうと「支配戦略均衡がパレート最適でない」という構造の問題です。もし，「囚人のジレンマにおいて生ずる問題点は何か」という質問があれば，その答えがこの一言といえます。この支配戦略均衡は次章のナッシュ均衡と一致するので，「ナッシュ均衡がパレート最適でないことが問題である」といいかえる人もいます。

　この話の中で，囚人たちは取り調べに入る前にたとえ固い約束を結んでい

たとしても，その合意を破ることができると考えています。約束を破ることができるか否かというのは非常に重要な条件です。

たとえば国と国の間の約束は，必ず守られるでしょうか。約束を契約書にしたとしましょう。私たちが普通，契約を守るのはそれを破ると罰則があるからです。もしかすると裁判になるかもしれませんが，その結果，罰を受けたり損害賠償をしたりしなければならないわけです。一方，国と国の間では，契約を破ったときに訴え，裁判し，罰を与えるような機関がないので，約束を守らせるためには，約束を破ると経済制裁や軍事行動による罰があるという可能性が必要になります。

口約束とよくいうように，口でした約束はよく破られるということは，お互いに知っているわけです。ここでいう約束は，いうなれば口約束のようなものです。ですから約束すなわち合意というものには，それを破らせないための**拘束力**が必要になります。

> **POINT2-3　囚人のジレンマの問題点**
>
> - 支配戦略均衡がパレート最適でない
> - ナッシュ均衡がパレート最適でない（次章参照）
> - 構造的問題（個人的モラルの問題ではない）
> - 解決のための合意をするためには合意の拘束力が必要

2.4　現実問題への適用

●自分1人ぐらい……

それでは冒頭で述べた環境の問題について考えてみましょう。最初は，掃除の話です。

登場するのは，2人の掃除当番で，彼らは教室に残って掃除をするかしないかを選択します。このとき，なかなか掃除の協力が進まないのは**構造的な**

問題です。

　2人の当番は掃除をするかしないかを決定しますが，相手が掃除をする場合，相手に掃除を押しつけて自分だけが帰ることができれば利得6，そのときの相手の利得は1人残されて掃除をするので0になります。

　自分も掃除をすると，自分もコストを払うが，教室がきれいになるので利得は互いに5になります。最後に，もし，2人とも掃除をしないと，教室は汚くなり，互いの利得は1になります。

　2人にとって望ましいのは，お互い協力して掃除をすることですが，もっとよいのは相手が掃除しているときに，自分が掃除しないことです。このモデルでは先ほど述べたように，相手が掃除をしようがしまいが，掃除をしないことが支配戦略となり，支配戦略均衡は2人が掃除をしないことになります。ところが2人とも掃除することは，それをパレート支配しています。したがって，囚人のジレンマの構造となり，2人は掃除をしないことになり，教室がきれいになることはありません。

　この話は設定を多人数にしても同じです。クラスの皆が，それぞれ掃除をするかしないかについて考えているとしましょう。皆は，自分1人ぐらい，掃除をしなくてもクラスはきれいになると思っています。他の全員が掃除をしているときも，半分ぐらいの人が掃除をしているときも，他に誰も掃除をしてないときも，常に自分は，掃除をしない方が得と思っています。すなわち，掃除をしないことが支配戦略です。そのときに生ずる結果は支配戦略均衡です。ところが，全員が掃除をして，きれいな教室になる方が全員にとって望ましく，パレート支配しているわけですが，その状況は構造的に起こらないわけです。これは，環境問題の構造と全く同じです。

● 環境汚染の問題

　掃除当番の問題は，工場の環境問題あるいは国家間の環境問題と同じ構造を持っています。たとえば2企業が同じ湖の水を利用して操業しており，汚水を垂れ流すか，それともきれいに汚水を処理して流すかという選択をす

るという状況を考えてみましょう．相手が浄化するか汚水を流すかにかかわらず，自社はコストの関係から，汚水を垂れ流しした方が，利益が上がります．すなわち，汚染は支配戦略です．

一方，汚染された水を利用する場合，汚染物質除去のための費用が余分にかかります．ですから2社ともに，浄化した水を排水し，それらを利用して操業することが望ましい状況になります．これは，BOX2-7のような構造となり，再び囚人のジレンマと同じになります．すなわち，支配戦略均衡（汚染，汚染）は（浄化，浄化）にパレート支配されます．

A\B	浄化	汚染
浄化	5, 5	0, 6
汚染	6, 0	1, 1

BOX2-7　汚水による環境汚染の問題

国家間の環境問題も同じです．2国間で互いに大気汚染の影響があるとき，両者とも自国の経済発展を考えれば，公害に多少目をつぶって，汚染を選択した方がよいと思っています．ところが，両国とも，そのような方策を取れば，両国民にとって最悪の住環境になってしまいます．両国民とも公害のないよい環境の中で生活したいというのは同じですから，これは，やはり上記のような囚人のジレンマの構造です．

このような問題の解決策を考えるためには構造的問題であることを認識するのが重要です．皆が環境保護に気をつけていないことが問題なのではなく，構造がそのような問題を引き起こすことに注意して改善策を考えるべきです．

● 軍備拡張競争の問題

　また，こうした考えは，軍備拡張の問題，軍備競争の問題，あるいは軍縮の問題にも応用できます。隣り合っている A 国，B 国の間で，軍事費を増大していくか縮小していくかを考えているとしましょう。たとえば，新たにミサイルを配備するかしないかの選択です。

　相手が軍縮か軍拡かによって自分の利得は変わるわけですが，もし相手が軍縮をしてくれるならば，自分が軍拡をすると，交渉を含めていろいろな面で有利になります。したがって，軍拡をしたいというわけです。

　一方，相手が軍拡の方針のとき，その国に侵略されないように，あるいはその国の発言力と対等になるように，やはり軍拡をした方が得になります。すなわち，軍拡が支配戦略です。しかしながら，2 国にとって軍備の費用を人々の厚生に回した方がよいのは明らかです。すなわち，（軍縮，軍縮）はパレート支配しているわけです。まさに，囚人のジレンマ的状況というわけです。ですから，ここにも解決するのが難しい構造上の問題があることになります。

BOX2-8　軍備拡張競争の問題

A＼B	軍縮	軍拡
軍縮	5, 5	0, 6
軍拡	6, 0	1, 1

2.5　解決策はあるか

● 拘束力のある合意と暗黙の協定

　それでは，囚人のジレンマの解決策を考えてみましょう。

第一の解決策は拘束力のある合意です。合意を破ったら処罰されるという契約，あるいは，もしそれを破ったら，大きなペナルティーを支払うという契約です。このような契約でパレート最適な結果が保証されます。

　たとえば，囚人同士の話であれば，釈放された後，もし，合意を破っていると，大きな仕返しがあるようなケースです。教室の掃除の問題であれば，サボった者は，クラスのルールとして何かの罰があるようなケースです。企業間の環境問題であれば，契約違反での違約金の支払いがあるようなケースです。

　ただ，企業同士の場合は独占禁止法があるため，こういった契約をすることができない場合があり，この形での解決は難しいケースもあります。しかしながら，明確な契約でなくとも解決が可能な場合もあります。

　たとえば 2 つの大手電気店 A 社，B 社が同じ商品の価格競争をしているとしましょう。もちろん価格の安い方が，売れ行きがよくなるわけです。相手の価格がそのままで，自社の価格を下げると顧客は増え，利益が上がります。すなわち，価格を下げるのが支配戦略です。

　ところが，2 社とも価格を下げると，元の状態よりも 2 社ともに利益が下がり，パレート支配される状況になってしまうわけです。けれども，現実的には大手電気店 2 社は非常にうまくこの囚人のジレンマの構造を回避しています。皆さんが広告を開くと，それを解決する一つの手段を発見することができます。

　たとえば，B カメラと Y 電機は互いに競争していますが，彼らは囚人のジレンマをうまく解決しています。その解決策は広告に，「他社で自社より安い値段で同じ商品を売っている店を見つけたらその値段で商品を売ります」と 1 行書くことです。これを両者が宣言していると，暗黙の協定となり，それが有効に効いて，2 社にとってパレート最適な状態が実現して，囚人のジレンマが解決します。一方が売り上げ拡大を狙って，価格を下げると，すぐに他方も追随するのがわかるので，支配戦略である価格引き下げが取れません。

消費者は一見，両社がとてもよいことをしているように見えますが，実は彼らの間では暗黙の協定を結んでいることになります。独占禁止法がありますので，2社が協力して価格をつり上げることはできませんが，価格を下げないように互いに拘束力のある合意を暗黙のうちにすることができるわけです。これは，囚人のジレンマを解決する一つの方法と考えられます。

● 囚人のジレンマの繰り返し

　もう一つの有名な解決策は，繰り返しの状況が起こるケースを考えることです。

　囚人たちは，このゲームが1回限りだと思うから裏切ることを選択するので，もし，再び同じ状況が訪れるのであれば，裏切りは損だと思うかもしれません。たとえば，ビール業界は今回1回の値下げをするゲームをしているわけではなく，何回も同じ状況が続くゲームをしています。したがって，支配戦略を取ってしまうと，後で，しっぺ返しを受け，損だと思うかもしれません。ここで，しっぺ返しとは，次回のゲームから裏切りを取り続けるような行動で，相手に打撃を与えるような行動です。

　しかしながら話はそう簡単ではありません。たとえば3回の繰り返しで囚人のジレンマは完全に解決するでしょうか。

　ジレンマが解決すると考えられる理由は，もし相手が裏切るのであれば，その次の回に自分も裏切ってしっぺ返しをすることができるからと考えられます。しかしながら，繰り返しの回数が3回と確定していると，その次の回がないので，3回目の後でしっぺ返しされる恐れがありません。したがって，3回目は裏切った方が得ということになります。3回目に両者ともに裏切った方が得だったら，それが確定しているので，ともに2回目も裏切った方が得ということになります。同じ論理で1回目も裏切った方がよいことになり，協力を達成することができません。

　これはゲームの繰り返しの最終回をお互いが認識しているときの話で，いつが最終であるかわからなければ，すなわち，関係の終了がいつかわからな

いのであれば，協力が達成されると考えられます。これが，ビール業界が囚人のジレンマを解決し，協力を続けることができる理由と考えられます。

● 構造の変換

解決の方法として最後にお話ししたいのは構造の変換です。支配戦略の組がパレート最適でないことが問題の原因ですので，ゲームの利得構造を変え，支配戦略の組がパレート最適になるようにするという方法です。

たとえば，相手が協力しているときに自分だけ裏切った方がよいという状況をなくすことです。そのための一つの方策は，相手の最悪の利得が自分の利得にも反映するような構造に改造することです。相手に対するシンパシーでもよいかもしれません。しかし，このような構造変換は言葉でいうのはやさしいですが，実際に利得構造を変えるのは難しいといえるでしょう。ですが，解決策を考える場合の大きなヒントにはなるはずです。

2.6　囚人のジレンマの実験

● 実験で検証してみる

最後に実験の話を紹介しましょう。実際に人々を集めて，この囚人のジレンマの状況に置き，2人の選択の結果に応じた現金報酬を与えることを説明し，自分の好きな選択をしてもらうという研究方法があり，ゲーム理論実験とか経済学実験と呼ばれています。このとき，たとえ1回限りのゲームであっても，多くの参加者が支配戦略を取らないことが知られています。

この理由は，人間が合理的ではなく，間違いを犯しているからだと簡単に断言することはできません。多くの人が明確な理由を持って，協力の選択をすることが観察されています。

この実験で合理的でない行動を取る理由を調べると，それらの人の多くはコンディショナルコーポレーター（conditional corporate；条件付き協力者）といい，「相手が協力してくれるなら協力する」という行動を取ること

が見受けられました。

　厳密には，2人は同時に意思決定をしているので，相手の選択を見てから選択することはできませんが，相手の選択を予想し，協力を取ると予想できるのであれば，自分も協力を取るという行動は可能であると考えられます。こうした行動は人間の進化の過程で遺伝子の中に組み込まれているという研究者もいます。このような意味で，実験経済学の知見はゲーム理論の研究に新たな視点を与えています。

　コンディショナルコーポレーターは，囚人のジレンマを解決する一つの方策と考えることができ来るかもしれません。もし，相手が，この状況でも協力してくれるのであれば私も協力したいと考える人は多いかもしれないからです。しかしながら，そのためには，協力するという予想が裏切られないことが必要です。そのような行動パターンを取る人が増え，さらに協力の予想が実現していけば，それで環境の問題は解決していくかもしれません。

　ゲーム理論や経済学の実験に興味を持たれた方のために，河野・西條編著（2007）と西條編著（2007）を巻末に紹介しておきます。

● 現実の観察も有用

　社会において，囚人のジレンマ的状況は本当にたくさんあります。しかしながら，そうした状況は社会の中でさまざまな方法で解決されているケースもあります。そのような現実の観察は，大きな教訓になるし，実際に実験室で人間の行動を観察して，そこから教訓を得る努力もなされています。そして，一つの状況における現実的解決策が，他の状況にも応用できる可能性は大いにあるといえるでしょう。

第3章
規格間の競争とナッシュ均衡

3.1 規格間の競争

ナッシュ均衡はゲーム理論で,もっとも有名な解です。ナッシュは第1章で紹介したように1994年のノーベル経済学賞受賞者です。その名前が付いているナッシュ均衡ですが,実は解釈のしにくい解でもあります。まずは現実にある身近な話から始めましょう。

●第3世代光ディスクの規格の争い

レンタルビデオ店に並んでいるソフトにBlu-rayディスクが増えてきましたが,かつてはBlu-rayと並んでもう一つ,「HD DVD」という規格が存在したことはご存知でしょうか。かつて,といっても,2008年まではその規格が存在しました。これら2つの規格が,DVDの後継となる録画デバイス,第3世代光ディスクの座を争ったのです。

HD DVDというのは,元のDVDをベースに高画質化してあるので互換性がありました。一方,Blu-rayは全くの新規格でしたが,その利点として容量が多いという特徴がありました。いろいろな経緯の結果,結局Blu-rayが生き残りました。これには,さまざまな事情があり,その一つひとつを検証して,なぜBlu-rayが生き残ったかを分析していくと面白いのですが,ここではそのような経過を分析するのでなく,こういった規格間の競争の問題をゲーム理論でどうやって考えるかという話を紹介したいと思います。

規格間の競争の特徴は,どちらの規格に従った商品も用途が同じである点

と，同じ規格の商品の利用者は，利用者同士の間でのメリットがあるという点です。Blu-rayにしろHD DVDにしろ，高画質でテレビ番組を録画したり，家庭で映画を見たりするためのもので，用途は同じです。また，同じ規格の商品のユーザーが増えるほど，メディアの互換性のおかげで，ユーザー同士でメディアの貸し借りをしたり，また，その規格のデッキの価格が下がったりします。その規格の利用者が増えると，メリットがあると考えられます。

● OS 規格の争い

一つの例だけですとイメージが湧きにくいかもしれませんので，いくつか似たようなケースを挙げてみましょう。たとえばPCのOSの規格として，Microsoft Windowsの他にMacやLinuxがあります。どのOSを使うかということを考えると，それは規格間の競争と考えられます。

Windows，Mac，Linuxのいずれにしても，実際の用途としてはOSではなく，ワープロや表計算，webブラウザなどのソフトですので，いずれも用途としては同じと考えられます。また，同じ規格の利用者は情報交換が簡単にできるので，利用者が増えることのメリットがあると考えられます。

● β 対 VHS

こちらはもう20年以上前の話になりますが，ベータ（Betamax）とVHSという2つのビデオ規格がありました。DVD登場以前にあった磁気テープに映像を録画する規格の競争です。外形の大きさが違ったり，使い勝手が若干違ったりしますが，用途としてはBlu-rayやHD DVD同様，映像の視聴ですので，どちらか一方だけあれば十分です。

ベータ規格の盟主はソニー，VHS規格の盟主はパナソニックと日本ビクターで，大手の家電会社は2つのグループに分かれて，激しい競争を行いました。その結果，VHS規格が勝利し，その後，ビデオというと，長い間，ただ一つの規格となりました。すなわち，規格間競争でVHSが勝利したわ

けです。

● チャデモ対コンボ

　ごく最近の例では，電気自動車の急速充電器のコネクタ規格のケースがあります。2013年現在，これには日本が開発したチャデモ（CHAdeMO）と，欧米の自動車メーカー由来のコンボ（Combo）という2つの方式があります。チャデモ方式では，直流の急速充電と交流の家庭用電源を使った普通充電を別々の受け口で受けるのですが，コンボ方式ではそれらを一体化させて同じ受け口で受けるという違いがあります。両者には，性能としては決定的な差異はないといわれています。

　日本では電気自動車の運用は先行しており，すでに多くの経験を経て販売数も多く，実用化がすすんでいます。その日本が開発したチャデモ方式は，利便性に優れ，技術的に高い品質を持っています。ところが，受け口が1個であるコンボ方式の側からは，この方がシンプルで広く普及しやすいという主張がなされています。コンボ方式は，現在はまだ実績はほとんどないものの，米独の自動車メーカー8社のグループがそれを強力に推進していて，目下その2つの規格の競争が激しくなっています。

　このように新規格で国際的に日本と世界が競合するケースで，日本が先行しながら，あまりうまくいっていないケースが他にもあります。高品位テレビ（ハイビジョン）の場合が典型的で，NHKがずいぶん前から世界にリードするものを作っているのですが，その規格を軸とした戦略的な展開がうまくなく，後発の規格にネットワーク作りで負けてしまうことがありました。チャデモ方式にも，その将来を懸念する見方もあります。

　このように，規格間の競争については，先行者が必ずしも有利とは限りません。企業グループを作り，その規格のユーザーを増やすような，他の商品とは違うマーケティングの技術が必要と考えられます。

● ネットワークの経済学

　たとえば，Blu-ray のデッキを持っている人は，Blu-ray のメディアを貸し借りできます。HD DVD やビデオの規格についても同じです。しかしながら，別の規格の利用者と貸し借りすることはできません。

　このように，同じネットワークに所属する人は互いに緊密に情報の交換ができます。Windows と Linux，Mac も同じです。たとえば Word を使う，Excel を使うという作業面では同じですが，ソフト自体には互換性がありません。データについて，一部の互換性はあるものの完全ではありません。ですから，Windows を持っている人たち同士では情報のやりとりが容易ですし，Mac の人同士，Linux の人同士であれば同様に容易です。しかしながら，別の OS を利用している人との間では，情報のやりとりは円滑ではありません。すなわち，同じ規格のユーザーはネットワークを形成し，それにより便益が高まるというように理解ができます。ところが社会全体で見れば，ネットワークすなわち規格はただ 1 つあれば十分で，利用者の便益も高くなります。この問題を考えるのがネットワークの経済学です。

　特徴的なのは携帯電話の例です。日本では多くの人は，NTT ドコモ，au，ソフトバンクのいずれかの通信事業者の携帯電話かスマートフォンを利用しています。通常，さまざまなサービスは，同じ会社の機器の間で便益が高くなるように設定されています。同じ会社間で電話料が無料になるなどはその典型的な例です。このとき，同じ会社の携帯電話の所有者は，ネットワークを組んでいると考えることができます。したがって，どの会社の携帯電話を持つかということは規格間の競争あるいはネットワークの競争と同じです。ゲーム理論はこのようなホットな問題の切り口を与えてくれます。

● ネットワーク外部性

　このように，ある規格の普及について利用者が増えていくことで利用者相互の利便性が増えていくことを経済学では（正の）外部性あるいは外部経済と呼びます。とくに，このようなネットワークの競争のケースではネットワ

ーク外部性と呼ばれます。

　先ほどの電気自動車の急速充電器のコネクタの問題についても，電気を供給するスタンドは，ある形状のコネクタのユーザー数の増加に応じて，そのコネクタに対応するスタンドが増えると考えられるので，ネットワーク外部性が成り立ちます。前述のネットワークの経済学の例では，いずれもネットワーク外部性が成り立つことに注意してください。

　こうした規格間競争，ネットワークの競争，あるいは業界標準の間の競争がどう終結するか，規格はどうやって移行していくのか，という問題は，今日では非常に関心の高いトピックになっています。これは規格のネットワークの話だけではなく，友達のコミュニティーやサークル活動，ソーシャルネットワークにもあてはまります。ネットワークの形成と，そのネットワーク同士の競合や競争の話として，さまざまな共通点があります。

3.2　デートのトラブルゲーム

●デートのトラブル

　ゲーム理論でこのような問題を考えるうえで役に立つのは「デートのトラブルゲーム」というものです。両性の戦いと呼ぶ人もいます。

　このゲームの登場人物は男女2人の恋人です。その2人が最初のデートとして，一緒に休日を過ごすこととし，バレエの鑑賞に行くか，サッカーの観戦に行くか，どちらかを選ぶことになりました。

　デートですので，同じものを見に行きたいのですが，女性は2人一緒にバレエ鑑賞に行きたい。一方，男性は2人一緒にサッカー観戦に行きたい。そんな状況です。このとき，最初のデートは重要ですし，2回目以降のことは考えないとします。1回限りと考えて，デートで行く場所を決めなければなりません。規格間競争の話から離れますが，ひとまずはこんなストーリーから考えてみましょう。

> **POINT3-1** デートのトラブルゲーム
>
> ● プレイヤー…男女2人（恋人）
> ● 2人は同じものを見たい
> ● 女性はバレエ鑑賞の方が好き，男性はサッカー観戦の方が好き
> ● どちらに行くべきか

● 利得行列による表現

　これを利得行列で表してみます。プレイヤーは男性，女性の2人です。戦略は「バレエに行く」か「サッカーに行く」になります。女性と男性は，それぞれバレエかサッカーかを選び，利得については，2人同じ場所に行った方が利得は高くなります。

　表各マスの左側は女性の利得で，右側は男性の利得です。そうすると，(4, 2)と(2, 4)になっているのが，2人が同じ場所に行くことに対応し，2人ともバレエに行くと女性が喜び，2人ともサッカーに行くと男性が喜ぶというわけです。行く場所が異なると2人の利得が(0, 0)になります。

BOX3-1 デートのトラブルゲーム

女＼男	バレエ	サッカー
バレエ	4, 2	0, 0
サッカー	0, 0	2, 4

3.2 デートのトラブルゲーム

●非協力ゲームの設定

　現実にこういう問題に直面している場合，どうすればよいかというと，一つの簡単な解決策があります。2人でバレエに行くか2人でサッカーに行くか，じゃんけんで決めてもいいし，さいころを振って決めてもいいわけです。しかし，それは第1章で少し紹介した協力ゲームの世界での解決策です。

　非協力ゲーム理論の設定では，前章の囚人のジレンマのように互いにコミュニケーションせずに，決定をしなければなりません。これを，現実に落とし込んで考えると，次のようなストーリーになります。

　2人は来週，バレエに行くかサッカーに行くかを決めたとします。そのバレエの劇場の前，あるいはサッカー場の正面入り口の前で，待ち合わせをすることにしました。ところが何かの理由で，どちらへ行くことになったかを2人とも忘れてしまった（あるいは決めていなかった）。携帯電話で連絡も取れない。その状況の下で，どちらへ行くか決めなければならないというシチュエーションです。かなり不思議な設定ですが，ここでは，現実の恋人の問題を考察しているわけではないので，お許しください。

　非協力ゲームではコミュニケーションができないので，個人で独自の意思決定をしなければなりません。どちらへ行くかの選択の結果，2人ともバレエの劇場の前で会えれば（4, 2），サッカー場の正面入り口の前で会えれば（2, 4），違うところに行けば（0, 0）です。

　たとえ違う場所に行ってしまっても男性はサッカーを見られれば少し利得が高く，女性はバレエを見られれば少し利得が高いと仮定して，そのときは（1, 1）のように変形したゲームを考えてもよいのですが，ほとんど分析は変わりません。

　こういう状況を，どうやって分析するかというのが，ここでの問題です。コミュニケーションができないことによって，話は途端に難しくなってしまうのです。

● 支配戦略がない

ここで，前章で紹介した支配戦略を探してみましょう．支配戦略とは，相手がどのような戦略を取っても，その戦略が与える自分の利得が他の戦略よりも大きい戦略でした．女性にとって支配戦略があるかチェックします．

男性がバレエを取れば，利得は4か0ですからバレエを取った方がいい．一方，男性がサッカーへ行けば，利得は0か2ですから，サッカーに行った方がいいことがわかります．このように，相手のことを予想し，どのような場合にも常によい戦略はありません．相手の戦略に応じてバレエの場合はバレエがよく，サッカーの場合はサッカーがよいので，簡単には解けません．すなわち，**支配戦略はありません**．

女性側に支配戦略がないように，男性側にも支配戦略はありません．それでは，この場合はどう考えればよいでしょうか．ここで，「ナッシュ均衡」という考え方が登場します．

3.3　ナッシュ均衡とは

● ナッシュ均衡とは——その定義

ナッシュ均衡というのは，一言でいうと「**手を変えても得をしない状態**」です．これがたぶん一番覚えやすい定義だと思います．他の定義はより厳密かもしれませんが，初めて学ぶ方にはわかりにくいでしょう．

ポイントは，「手を変える」ということで，ゲーム参加者一人ひとりにとって，「自分」の考えで戦略を変更しても得をしないような状態（戦略の組）ということです．それをナッシュ均衡といいます．

● 手を変えると損をする——狭義ナッシュ均衡

わかりやすくするために「**手を変えると損をする**」という場合を考えてみましょう．すべてのプレイヤーにとって，手を変えると損をする状態のことを狭義ナッシュ均衡といいます．その状況から手を変えて損をするというの

と，得をしないというのはほとんど同じように聞こえますが，「得をしない」ケースの中には利得が「変わらない」という状況も含まれています。「損をする」というのは必ず悪くなることですから，「得をしない」というのは，それよりも，弱くて広い考え方です。

いま，2人あるいは多数の人が，それぞれ何らかの手を取っているとします。その状況から自分が手を変えるということを考えるわけですが，一度に何人もが同時に手を変えるということはできません。

誰か1人だけが手を変えると仮定してみましょう。その人が手を変えると，その人は得をするかもしれないし，変わらないかもしれないし，損をするかもしれません。もし得をするなら手を変えるでしょう。得をしない状態だと手を変えないでしょう。このように，「自分が手を変えて得をすることがない」ということが全員について成り立つというのが，ナッシュ均衡の定義です。

手を変えて損をするのならば，当然手を変えないでしょう。しかし，手を変えても自分の利得が変わらないのであれば，もしかしたらちょっと変えてみようと思うかもしれません。ナッシュ均衡は，それでも手を変えないと主張しているので注意してください。

● ナッシュとビューティフル・マインド

第1章で紹介したように，ナッシュはゲーム理論の創始者の中でもとくに有名な人の一人です。彼のノーベル経済学賞受賞の理由の一つはナッシュ均衡ですが，それを発表したのは1950年代の彼の初期の論文（Nash, 1950a）で，1ページくらいの分量しかありません。

ナッシュは統合失調症を患い，研究ができないような状態が続いた時期が長くありました。それでもプリンストン大学に在籍し，キャンパス内でよく見かけられたそうです。周囲からはいろいろな目で見られたのですが，近年になって症状が回復し，1994年にゼルテン（1930-，ドイツの数学者，経済学者），ハルサニ（1920-2000，ハンガリーのブダペスト出身の経済学

者）らと共に，ノーベル経済学賞を受賞することができました。

　第1章でふれたように，彼の半生は映画にもなって，『ビューティフル・マインド（*A Beautiful Mind*）』として日本でも公開されたのでご存知の方もいるかと思います。ラッセル・クロウ主演のとても面白い映画で，2001年のアカデミー賞に輝いています。その映画の中のエピソードに，ナッシュ均衡の話も出てきます（どれが，ナッシュ均衡の話か，ぜひ探してみてください）。

　この映画のBlu-Rayディスクのボーナストラックに，ナッシュ自身が監督のロン・ハワードにゲーム理論を教える特典映像があります。近年，笑顔の少ないナッシュが，大変うれしそうな顔をして，監督に説明しているのが大変印象的です。

3.4　ナッシュ均衡の求め方

● デートのトラブルゲームのナッシュ均衡

　さて，ナッシュ均衡の考え方を説明しましょう。BOX3-1の利得表を見てください。ナッシュ均衡は，（バレエ，バレエ）と（サッカー，サッカー）の2つの状態になります。まず，（バレエ，バレエ）という状況がナッシュ均衡であることを説明しましょう。

　戦略の組（バレエ，バレエ）と比較する状況は，表でいうと2つの利得の組（0, 0）です。ここで，女性は自分の利得の4と0を比較し，男性は自分の利得の2と0を比較します。そうして，自分だけが手を変えたとき，損をすることを自覚するはずです。恋人2人がバレエの劇場の前で出会ったけれども，自分は違うところへ行くという人はいません。バレエの劇場の前で2人が会えば，めでたしめでたしということとなり手を変えない，というのがナッシュ均衡です。

　ナッシュ均衡はもう1個あります。（サッカー，サッカー），すなわち，2人がサッカー場の前で会うことができれば，手を変える必要はないので，ナ

ッシュ均衡です。恋人とサッカー場の前で会いながら，自分だけわざわざバレエに行くと手を変える人はいないでしょう。2人ともサッカー場で会って，めでたしめでたしというわけです。このような2つの安定的な状況がナッシュ均衡です。

2人ゲームで戦略が2つしかない場合は，4つの状況しかないので，ナッシュ均衡を探すのは簡単です。全部の状況についてチェックしてみればよいのです。

たとえば，(バレエ，サッカー)だったら，どちらか，一方が手を変えると得をします。もし女性がサッカーに手を変えれば(サッカー，サッカー)になって女性の利得が0から2になります。男性がバレエに手を変えれば(バレエ，バレエ)になって男性の利得が0から2になります。いずれにせよ手を変えると得するわけです。手を変えると得をするのでナッシュ均衡ではありません。

● 手を変える順序の影響

以上の説明を注意深く見ると，(バレエ，サッカー)の状況のとき，先に手を変えると変えた側が少し不利です。というのはもし，女性が先に手を変えると利得は2になるのに，男性が先に手を変えれば，女性の利得は4になります。これは，男性についても同様です。このように，ナッシュ均衡でない状況が起こったとき，相手に先に手を変えてほしいと思う場合があります。

その逆に，2人とも先に手を変えたいという状況もあります。(サッカー，バレエ)という状況が起こったとき，両方のプレイヤーとも，自分が先に手を変えた方が，4の利得を得るので得をします。1人だけが手を変えると得をし，もう一方は損をするというケースもあります。

また，2人同時に手を変えたらどうなるでしょうか。この場合は同じ(0, 0)の利得で2人とも利得の変化はありませんが，これも，さまざまな状況が起こりえます。

このように，ナッシュ均衡でないとき，手を変えると現況よりも得をする人が，少なくとも1人いますが，そのときの他の人の利得の変化はさまざまです。したがって，最終的にどのようなことが起こるかを見極めるのは難しいです。

● コーディネーション問題

デートのトラブルゲームは駅での待ち合わせのように考えても結構です。たとえば，ある駅で待ち合わせをしたとして，その駅には北口と南口があり，自分は南口が近く，相手は北口が近いとします。このとき，両方とも北口に行くか，両方とも南口に行けば会うことができます。すなわち，この状況がナッシュ均衡です。それ以外はナッシュ均衡ではありません。

仮に，北口に相手がいなかったら，南口に行けばいいと考えられますが，相手も同様に考えているはずなので，相手が北口に来てくれるかもしれません。どちらかが相手側へ行けばいいわけですが，両方とも相手側に行った方がよいと思っているのですれ違うかもしれません。しかも，順序の影響もあるので，簡単にナッシュ均衡の状況に落ち着くかはわかりません。このようなケースをコーディネーション問題（調整問題）といいますが，ナッシュ均衡が2つあるので，戦略の調整は難しいことが予想されます。

● 最適反応戦略の組

次に，ナッシュ均衡を別の方向から説明してみましょう。それはナッシュ均衡の求め方と関連しています。本章のゲームでは2人の戦略の数がそれぞれ2ですから，4個の状況を1つずつチェックしていけばナッシュ均衡を見つけるのはたやすいです。

もし戦略の数がそれぞれ3であれば，状況は9個ですから9個の状況を調べる必要があります。しかし戦略の数がそれぞれ100個あったらどうでしょう。プレイヤーの人数も2人から3人，3人から4人と増えていったらどうでしょう。こういったケースにも対応できる方法を発見することが必

要です。それをこれから説明しましょう。

　ナッシュ均衡の計算には，最適反応戦略を探すことが役立ちます。何か難しそうな言葉ですが，最適反応というのは相手のことを考えて，それに対応して最もいいものを取るということです。すなわち，相手の戦略に対して，自分の利得が最大の戦略を選ぶことです。

　仮に男性がバレエを取ると考えたときに，女性は何をした方が得かというと，バレエを取ることです。男性がサッカーのときには，女性もサッカーを取る方が得です。このとき，男性のバレエに対する最適反応戦略は女性のバレエで，男性のサッカーに対する最適反応戦略は女性のサッカーです。同じことを，今度は男性の立場で考えましょう。女性のサッカーに対する男性の最適戦略はサッカーです。女性のバレエに対する最適反応戦略はバレエです。このとき，2人の最適反応戦略の組はナッシュ均衡になります。

　相手の戦略に対して，最も有利な戦略をお互いにとっているので，2人とも手を変えて得をすることがないのは明らかです。すなわち，ナッシュ均衡を求めるには，まず，最適反応戦略を求め，それが重なっている状況を探せばよいわけです。

　以上の説明は2人ゲームに対応していますが，多人数の場合は，自分以外の他のすべてのプレイヤーの戦略の組に対して，自分の利得を最大にする戦略が最適反応戦略です。

●ナッシュ均衡の求め方

　BOX3-2を見てください。男性がバレエを選んだ場合には，女性にとってバレエとサッカーで利得の大きい方は4で，そこに黒マルをします。ただし，利得「4」を選んでいるわけではありません。選んでいるのはあくまでも「バレエ」という戦略です。男性のバレエに対してバレエを選ぶことを，ここでは黒マルをつけて表します。

　同様に男性のサッカーに対しては，利得「2」に黒マルをつけます。これは女性がサッカーを選ぶことを表しています。これは，相手の戦略に対して

最適に反応しているものを選んでいるので、女性側の最適反応戦略を求めていることと同じです。

BOX3-2　最適反応戦略

女＼男	バレエ	サッカー
バレエ	④, ②	0, 0
サッカー	0, 0	②, ④

　男性側も同じことをします。女性の選択に応じて、大きな方の利得にマルをつけます。女性がバレエを取ったら、男性は2か0かを比較して、大きい方のバレエを選ぶので、バレエに青マルをつけます。女性がサッカーの場合には利得は0か4で、大きい方の4、すなわちサッカーを選ぶというわけです。

　相手の戦略が何であるかを想定して、それに対する最適な反応を計算する（計算といっても、マルをつけるだけですが）という作業は単調ですが、戦略の数がたくさんあると、少し難しいかもしれません。しかし、いずれにせよナッシュ均衡は互いに相手の最適反応になっているところ、すなわち、同じマスの中にマルが2つついたところです。それはデートのトラブルゲームでは（バレエ，バレエ）と（サッカー，サッカー）しかありません。

● いくつかの注意点

　いくつかの間違いやすい注意点があります。ナッシュ均衡は戦略の組です。戦略の組ということは、ここでいう戦略はバレエとサッカーなので、（バレエ，バレエ），や（サッカー，サッカー）というのがナッシュ均衡です。つい（4, 2），（2, 4）と書きたくなってしまうかもしれませんが、それは間

違いです．(4, 2), (2, 4) と書くのは自然に思えますが，それはナッシュ均衡に対応する利得の組で，ナッシュ均衡利得と呼ばれています．もしかするとゲームの利得行列のマスには，ナッシュ均衡ではないが同じ利得の組 (4, 2) を与える戦略の組がある可能性があります．そちらと見分けがつかなくなる可能性があるためナッシュ均衡を表す際には戦略の組を使います．(バレエ，バレエ) などの戦略の組は，常にただ 1 つの状況しか指しませんので，曖昧な点がありません．

　経済学で均衡というのは安定的な状況を表します．そこからどこへも移らないという状況を考えるわけです．均衡というのは，穴みたいなものです．お椀の中に小さな玉を入ると，真ん中からなかなか動きません．多少揺らしても，元に戻ります．均衡とは，こんな状態をイメージしてください．いったん入ってしまったら，抜け出そうとしてもなかなか抜け出せないような状況，そういう状況のことを均衡といい，ナッシュ均衡とは，その代表的な考え方です．

POINT3-2　ナッシュ均衡

- 自分だけ手を変えても得をしない戦略の組
- 最適反応戦略の組
- 安定な状況（均衡）
- 自分だけ手を変えると損をする戦略の組：狭義ナッシュ均衡

3.5　囚人のジレンマとナッシュ均衡

●囚人のジレンマのナッシュ均衡

　さて，それでは前章で述べた囚人のジレンマはどうだったか考えてみましょう．囚人のジレンマにおけるナッシュ均衡の計算です．どこがナッシュ均

衡かわかりますか。

BOX3-3　囚人のジレンマのナッシュ均衡

A \ B	協力	裏切り
協力	5, 5	0, ⑥
裏切り	⑥, 0	①, ①

BOX3-3のように，(裏切り，裏切り) がただ一つのナッシュ均衡です。どうしてそうなっているか，確認しましょう。

Aの協力に対するBの最適反応は，利得5，6を比べて得な方の「裏切り」です。Aの裏切りに対するBの最適反応は利得0に対して1の方がいいので，やはり「裏切り」です。同じことが，Bに対するAの最適反応についてもいえるので，(裏切り，裏切り) のところが，マルすなわち最適反応が重なって，ナッシュ均衡になっていることがわかります。

このように前章で説明した支配戦略均衡は，ナッシュ均衡でもあります。これは当然で，支配戦略というのは実は最適反応の言葉でいうと，相手のいかなる戦略に対しても最適反応戦略になっていることです。確かに，協力に対しても裏切りが最適であり，裏切りに対しても裏切りは最適です。

いままでの話は，3人や4人のケースでも同じです。たとえば3人のケースでは相手が2人いますが，相手2人がいろいろな戦略の組を取ったときに，自分の最適反応となるものをすべて求めます。

たとえばA，B，Cの3人がいて，Bの戦略が2つ，Cの戦略が3つあったとすると，BとCの取れる戦略の組の数は6個です。その6通りに対して，Aは何を取るかというのを全部計算していきます。それが，Aの最

適反応です。ＢもＣも同じように，最適戦略を求め，全部重なったところがナッシュ均衡になります。

もし，6通りの組合せについて，常に同じ戦略がＡの最適反応でしたら，それがＡの支配戦略です。Ａ，Ｂ，Ｃの3人に支配戦略が存在していれば，その組は互いに最適反応になっているので，ナッシュ均衡でなければなりません。

3.6　規格間競争とナッシュ均衡

●規格間競争ゲームのナッシュ均衡

さて，囚人のジレンマも含めたさまざまなケースでナッシュ均衡を計算することができるようになりました。それでは冒頭で紹介した規格間競争の問題に話を戻して，そこで何が起こっているかを分析してみましょう。

いろいろな規格間競争を挙げましたが，ここでは規格1と規格2の2つの規格があるとします。この2つの規格があって，それをめぐって競争しているという状況を考えます。

企業は2社あり，それぞれが規格の特許を持っていて，自分の規格を提案しています。企業ではなくアメリカと日本のように考えても構いません。2企業はどちらの規格を採用し，商品を売っていくかを検討しています。たとえば，HD DVDのデッキを生産するのか，あるいはBlu-rayのデッキを生産するのか，いま，迷っているというような状況です。独占禁止法があって企業間で相談はできません。

まず，そのときには両者は基本的には同じ規格の方がいいと考えています。これはどうしてかというと，別の規格で棲み分けるよりも同じ規格の方が消費者に大きなメリットを与え，最終的にたくさん売れる可能性があるわけです。すなわち，市場規模拡大が見込めます。一方，別々の規格のものを売ると，売れ残りのリスクがあります。ですから，企業の立場からは同じ規格のものを売りたいわけです。

ところが、その一方、各企業は自分の規格の方を押し進めたいとも思っています。たとえば企業1が規格1を発明したとすればそれを両社が採用すれば特許料から利益が得られます。一方、規格2を発明した企業2も、規格2にまとまれば特許料の利益が上がります。このような企業間の競争はよくあるわけですが、その競争を考えると、利得はデートのトラブルゲームと全く同じです。

BOX3-4　規格間の競争ゲーム

企業1＼企業2	規格1	規格2
規格1	4, 2	0, 0
規格2	0, 0	2, 4

ナッシュ均衡がパレート最適

表の利得はデートのトラブルゲームと同じにしてありますが、たとえば利得4は4億円の利益のように考えればよいでしょう。当然、ナッシュ均衡はすでに計算したように、(規格1, 規格1)と(規格2, 規格2)というわけです。(規格1, 規格1)の状態であったら、両社ともそこから手を変えません。この場合、企業1は大喜びです。一方、(規格2, 規格2)もナッシュ均衡です。両社とも手を変えません。企業2の規格が採用されて、企業2は大喜びです。それでは、どちらのナッシュ均衡が実現されるのか、あるいはされるべきなのかというと、ここまでの議論ではわかりません。

● パレート最適な組

さて、ここでパレート最適性の見地からも考えてみましょう。(0, 0)はパレート最適ではありません。両企業とも(2, 4)とか(4, 2)の方がい

いからです。パレート最適なのはこの (4, 2) と (2, 4) です。この状態より，2社ともよい状況はありません。すなわち，2つのナッシュ均衡はどちらが生ずるかわかりませんが，いずれにせよパレート最適で，効率的な状況となっているわけです。その意味で，ナッシュ均衡とパレート最適性に矛盾はありません。

● 規格間競争の特徴

　前章の囚人のジレンマでは，ナッシュ均衡がパレート最適ではありませんでしたが，今回は，ナッシュ均衡はパレート最適になっています。これですべて解決かというと，どちらの均衡を取るべきかという重要な問題はまだ解決していません。ナッシュ均衡の考え方からだけでは，この問題を解決することはできません。

　しかしながら，均衡が2つあるので何も意味がないかというと，そうでもありません。パレート最適なナッシュ均衡があるので，この企業間の競争はいずれ，いますぐではないかもしれないが，長期的に見てどちらかの均衡に落ち着くと考えられます。すなわち，長期的には，両社とも規格1を選ぶか，両社とも規格2を選ぶと予想できます。繰り返して競争をしていけば，いずれはどちらかの規格に収れんしていくと考えられます。すなわち，一方の規格が生き残り，他方の規格は消滅するでしょう。

　現実はまさにその通りで，規格間競争の結果，これまでの経緯を見ても，長期的には，$β$がVHSに負けたり，Windowsが主流になったり，Blu-rayに一本化されたりしたわけです。

　しかしOSの例でいうと，一度はWindowsが主流になったものの，最近（2013年）では，Macが回復する傾向にあります。これは世代交代といっていいと思いますが，ある時間が過ぎると規格が古くなり，新たな規格が生まれて，また競争が始まることがあります。しかしながら，現実では元の規格が古くなる前に新しい規格が出ることもあって，状況は少々複雑です。

　ある時点で古い規格は明確に不利になると考えると，さまざまな新しい規

格が現れ，規格間の競争は仕切り直しとなるので，Mac が出てくるように新たな規格が台頭する余地があります。ですから，ある規格が支配的になったからといって，もうそれでゲームはすべて終了したわけではなく，次のゲームに続いていきます。その場合，新しい規格間の競争だけでなく，古い規格との競争という面も考慮しなければなりません。

● 規格間競争の意義

前述のようにナッシュ均衡は，規格間競争の問題について，予想を立てられます。2社で2規格の例で説明しましたが，3社でも4社でも，また，3つの規格でも4つの規格でも，同じような状況が起こり，同じようにナッシュ均衡で説明ができます。どの会社も，同一規格のものを生産した方がいいに決まっています。同じ用途なのに市場に2つの規格の商品が売り出されると，どちらかの規格はいずれ売れなくなってしまうでしょう。しかしながら，一方の規格にコミットすると，敗北したときに大変です。ですから，どの企業も慎重に，生き残りをかけて規格を選ぶわけです。その状況の説明にナッシュ均衡が役に立つわけです。

それでは，さかのぼっていくとなぜ規格が2つも3つも出るのでしょうか。もし1つの企業だけが規格を独占することになれば，他の企業にその規格を利用する権利を売らないで自社だけがもうけようとするかもしれません。同じ用途を持つ別の規格があれば，それはその企業の持っているライセンスと関係ないので正々堂々と生産ができます。規格が複数あることはそのような意味があります。

しかし，いったん規格競争になってしまうと，規格は最終的には1つの方がいいことになります。新製品の開発とか，ネットワーク経済はみんなそういうジレンマの状況に陥っているわけです。そういう研究開発競争の話は経済学の中ではホットなトピックになっていて，ここではその一端を紹介しました。

3.7　2つのナッシュ均衡

●新規格と旧規格

さて，異なる2つの規格の競争の話はここで一区切りとして，先ほどふれた旧規格から新規格への移行の問題に話題を変えましょう。ただし，新規格は一種類で新規格間の競争はないものとします。

BOX3-5　ナッシュ均衡の選択

A＼B	旧規格	新規格
旧規格	2, 2	0, 0
新規格	0, 0	4, 4

前節の規格間競争のケースとどこが違うかというと，(2, 2)，(4, 4) という利得の設定です。2社とも同じ規格のときは利益が上がるが，旧規格よりも新規格にした方が，消費者はたくさんの商品を高い値段で購入してくれるので，両企業とももうかるという状況です。(旧規格，新規格)，(新規格，旧規格) のときの利得は双方が0ですが，これは別々の規格が入り乱れて，両企業とも損害を被ると考えてください。

これをデートのトラブルゲームに直すと，2人ともサッカーが好きで，2人でバレエに行くのでもよいが，2人でサッカーへ行く方がもっとよいというケースに対応しています。そうであればこれは直感的には簡単です。2人でサッカーへ行けばいいだけです。それはなぜでしょうか。いままでの論理で考えてみましょう。

ナッシュ均衡は2つあるけれども，パレート最適なナッシュ均衡は1つです。(旧規格，旧規格) と (新規格，新規格) の両方がナッシュ均衡です

が，(旧規格，旧規格)はパレート最適でないナッシュ均衡であり，(新規格，新規格)はパレート最適なナッシュ均衡です．2社とも2より4がいいというわけですから，(新規格，新規格)がただ1つの解で話はおしまいのように思えます．しかし(旧規格，旧規格)というナッシュ均衡も，重要な示唆を持っています．

　こういうストーリーを考えましょう．いままで両企業は，ずっと旧規格でやってきたとします．このタイミングで旧規格から新規格に移行するかどうかを考えています．したがって，いままではずっと，両社は2という利益を得ていたが，両社とも利得4を得たいと考えています．

　「いっせーのせ」で，両社ともに手を変えられればよいのですが，非協力ゲームでは相談は禁じられているので，どちらかが，先に手を変えることになります．しかしながら，その段になると，ナッシュ均衡ですから手を変えると損をするわけです．自分が手を変えて損をして，同時に相手も損をするけれど，それで相手が手を変えてくれればいいのですが，その確証はありません．とにかく，いったん損をする状況になるわけです．どちらかが率先して損を引き受けなくてはなりません．その後にうまくいけば新しい状況に移っていくことになりますが，うまくいく確証はありません．ナッシュ均衡はそういう性質を持っているのです．

　たとえば，BOX3-6のようにゲームが変化し，もし先に新規格に移行すると，移行のコストから新規格に変えた会社の利得が−3になるとしましょう．こうなると余計，自社が先に手を変えるのを躊躇することになるでしょう．

　ナッシュ均衡が安定ということは，いったんそこへ入ってしまったら抜け出せないことです．いくら新規格の組のナッシュ均衡の方がいいとわかっていても，旧規格の組から移行するのはそう簡単ではありません．

　それでは，どうすればいいかというと，もしかするとそこに政府の重要な役割があるのかもしれません．政府が何らかの政策的手段を取ってゲームを変えることにより，規格の移行はスムーズに行えるかもしれません．

| BOX3-6 | 新規格への率先した変更が不利なケース |

A \ B	旧規格	新規格
旧規格	2, 2	0, −3
新規格	−3, 0	4, 4

● 悪い均衡からよい均衡へ

　スタンフォード大学名誉教授の青木昌彦は，このような発想を発展させ，ナッシュ均衡と進化ゲーム理論を使って，制度の間の比較の問題を研究しました。それは現在，比較制度分析という名前の経済学の重要な学問領域になっています。

　たとえば，いま日本経済は回復の兆しが見えたとはいえ，依然として不況にあえいでおり，悪い状態の均衡になっています。そこで，皆がもっとよい均衡，成長路線に転換しなくてはいけないと考えているとします。その転換のプロセスがどのようなものになるかを考えてみましょう。

　これは企業同士のゲームと考えてもいいし，企業と消費者の間のゲームと考えても構いません。そして，多人数のゲームであるとします。

　最初に，皆にとってあまりよくないナッシュ均衡の状態にいるとしましょう。そこで，もっとよいナッシュ均衡，パレート最適なナッシュ均衡があることがわかったとします。ところが，均衡の移動はそう簡単ではありません。先ほどの説明のように，誰かが先頭を切って損をしなければなりません。なおかつ，その損はどのくらい続くかもわかりません。

　ゲームの利得表では，相手が手を変え，即座に 0 から 4 に利得が増加すると思えますが，現実経済の複雑な状況であれば，しかも，多人数の手の変更が必要であれば，悪い状況がずっと続く可能性もあります。ということで，

誰も手を変えたがらず，簡単には悪い均衡を脱してよい均衡にはいけません。このようなケースは多々あると考えられます。

それを変えていくにはどうしたらいいか，というと，前章のように，ゲームの構造を変えるなど政府の役割が出てくるわけです。デートのトラブルゲームというと，身近で小さな話のように思えますが，現実の日本経済にあてはめると，経済の閉塞状態が続く背景の説明に使えるわけです。

3.8　さまざまなナッシュ均衡

●ナッシュ均衡はいくつ？

さて，この他にもう１つ説明しておかなくてはいけないことがあります。ナッシュ均衡は最大いくつあるのでしょうか。囚人のジレンマでは１つでした。男女の争いゲームでは２つでした。

答えは最大４つです。ナッシュ均衡が４つのゲーム，それはすぐにできます。大変つまらないゲームですが，たとえば，すべての利得が０であれば，すべての戦略の組４つがナッシュ均衡です。

３つというのは，ちょっと工夫すればできます。たとえば４つの利得の組を，（4，4），（4，4），（4，4）（0，0）にすれば，どのように配置しても３つのナッシュ均衡が現れます。

それ以外に何があるかというと０，すなわち，ナッシュ均衡が全く存在しないゲームがあります。

●ナッシュ均衡が存在しないゲーム

BOX3-7のような場合を考えます。企業Ｂの最適反応を考えましょう。企業Ａの規格１に対して企業Ｂの最適反応は規格１，企業Ａの規格２に対して企業Ｂの最適反応は規格２です。次に，企業Ｂの規格１に対して企業Ａの最適反応は規格２，企業Ｂの規格２に対して企業Ａの最適反応は規格１です。どうぞ自分でマルをつけて計算してみてください。

BOX3-7　ナッシュ均衡がない

A＼B	規格1	規格2
規格1	1, 5	2, 4
規格2	3, 3	0, 6

　このゲームではマルが重なりません。すなわち、最適反応戦略の組となるところはありません。したがってナッシュ均衡が存在しません。

　似たような例としてコイン合わせ（マッチングペニー）というゲームがあります。コインを手で持っていて、「いっせーのせ」で表か裏どちらかを出すゲームです。

　（表，表）だったらＢの勝ち，（裏，裏）でもＢの勝ち，つまり同じ側を出せばＢの勝ちとなります。その逆に，（表，裏）や（裏，表）のように違う側を出せばＡの勝ちになります。勝ちの利得を＋１，負けの利得を－１とすると通常の２人ゲームになりますが，このような場合にも，ナッシュ均衡はありません。なお，このようなゲームは２人ゼロ和ゲームと呼ばれ，２人は利得の面で完全に対立しています。

●均衡がないことの意味

　このとき、プレイヤーが手を選択した後、変更できると考えてみましょう。BOX3-7のゲームにおいて、（規格1，規格1）が起これば企業Bは利得5でうれしいのですが、企業Aは必ず手を変えるでしょう。企業Aは利得2の方がよいから他の手、すなわち規格2を取ります。

　でも、それで止まるかというと、相手と同じ規格の方が有利な企業Bは手を変えて同じ規格2を取ります。そうすると企業Aはまた異なる規格の

規格1を取ります。このように，手を自由に変更できるとすると，ぐるぐる回ってしまうわけです。

実際のマッチングペニーゲームの場合は同時に手を出すわけですから，相手の手を見て手を変えられないので一回で結果が出ます。ぐるぐる回るというのは手を変えられるとした仮想的な話ですが，それは，相手の取る戦略を先まで深く考えることに対応します。

ナッシュ均衡がない場合，相手のことをどこまでも深く読めるような大変合理的な人たちでも，戦略の決定はうまくいきません。

いま，たとえば企業Bが規格1を取ると仮定して，それで，矛盾が起きないかを考えます。ある合理的な理論によって，企業Bが規格1を取ることが示唆されたとします。当然，合理的な企業Aもその理論を使って，企業Bが規格1を取るのだから，自分は規格2を取った方がいいと考えます。

でも，このことを当然合理的な企業Bは考えるわけです。すなわち，自分が規格1を取るという理論の下で，相手企業Aは規格2を取ってくると考えるわけです。その結果，自分は規格2を取った方がいいと結論されます。これは最初の規格1を取るという理論と矛盾します。ですから，このような理論は破綻します。ともかく，この段階で企業Bは規格2を取るということになるのですが，話はそれで終わりません。

というのは，いま企業Bの立場で述べたことは当然，企業Aも考えるわけですから，相手企業Bが規格1を取ればいいという理論で出発すると，自分は規格2を取った方がいいと思うが，それを考慮して相手は規格2を取るから，自分は規格1をとった方がよいことになります。が，これと同じことを企業Bが考えるので……。この議論はそんなわけでずっと止まりません。

結局，この問題の原因は**ナッシュ均衡がない**ということに帰結します。ナッシュ均衡があればこのような堂々巡りは生じません。ナッシュ均衡が2つある規格競争のゲームで，相手が新規格を取ってくるという戦略の下で，自分が新規格を取るという理論があったとしましょう。もちろんこれはナッ

シュ均衡の一つです。いまいったことは当然相手も考えるので，それに対して自分は新規格を取ることがベストです。理論は合理的なプレイヤーにとって整合的になるわけです。ナッシュ均衡はそういった先読みを続けるということに関しても整合的ですが，ナッシュ均衡がないと，ここで説明したようにうまくいかないのです。

3.9　ナッシュ均衡をどう解釈すべきか

●ナッシュ均衡は行動の指針になるか？

　さて，本章のまとめです。ナッシュ均衡は果たして何でも解いてしまうすばらしいものなのでしょうか。大変すばらしい解であるという人は多くいます。しかしながら，そうでもない点があることを理解しておくことも重要と思います。

　実はナッシュ均衡には多くの問題があります。こんなことをまとめに書くのは申し訳ないのですが，ナッシュ均衡は常に合理的な「行動の指針」になるかというと，イエスと答えられません。デートのトラブルゲームを思い出してください。ゲームも理解し，ナッシュ均衡も計算できました，それは，（サッカー，サッカー）と（バレエ，バレエ）でした。それでは，この状況の下，あなたがプレイヤーだったら，あなたはサッカーに行きますか？　バレエに行きますか？　ナッシュ均衡は何かを教えてくれるでしょうか？　ナッシュ均衡の理論からだけでは答えが出ません。

　実は本書では扱いませんが，選択の手段にはもう一つあって，さいころを振って戦略を選択するというものがあります。私はたぶんそれを選ぶと思うのですが，それでも，どちらへ行くかの決定的な答えを与えてくれません。

　これはナッシュ均衡が2つあるから生ずる問題ともいえますが，たとえ1つであっても囚人のジレンマのように問題が起こるケースもあります。その一方，ナッシュ均衡が2つあっても問題がないケースもあります。すなわち行動の指針になることもあります。ナッシュ均衡は役に立たず，いつも

行動の指針にならないというのは間違いです。行動の指針になることもあるけれども，ならないこともある，ということに注意してほしいのです。

　支配戦略均衡は強い行動の指針のように思えます。支配戦略を取ることは大変理にかなっているからです。しかし，囚人のジレンマのように，それがパレート最適でないと，さまざまな理由から，人々は支配戦略でないものを取る可能性があります。実際，実験ではその現象が多く見られます。すなわち支配戦略均衡でさえ決定的でないかもしれません。

　ナッシュ均衡の場合，どちらを取るべきかというのは相手次第です。もし，相手が間違える可能性が大きいのであれば，ナッシュ均衡を導く戦略でない方が得をする可能性もあります。このように，ナッシュ均衡というだけでありがたがらず，その性質をきちんと理解することが重要です。

　もちろん，ナッシュ均衡のすばらしい点もあります。前の節で述べたように自分と相手の予想が整合するわけです。しかもそれは，相手の考えている合理的予想と私の考えている合理的予想の合致であり，合理的な人間の意思決定として考える大前提の条件となります。いいかえると，合理的な意思決定の帰結は，ナッシュ均衡の中になければいけません。合理的意思決定を一つに特定するのは難しいですが，合理的意思決定の範囲をきめるのに，ナッシュ均衡は役立ちます。

● 合理的な意思決定にはナッシュ均衡が必要

　ナッシュと共にノーベル経済学賞を受賞したゼルテンとハルサニは，どんなときでもただ1つの合理的な行動を選ぶことができるという理論を研究しました。それは均衡選択の理論と呼ばれています。

　本章の例でいうと，デートのトラブルゲームにおいて，バレエに行きなさいとかサッカーに行きなさいとか，そういうアドバイスが常にできる方法を考える訳です。そのときも，基本となるのはナッシュ均衡で，ナッシュ均衡の範囲から解を選ぶ必要があります。

　いまナッシュ均衡にならない戦略の組を選ぶような行動を導く理論を全員

が採用していたとしましょう。その理論を使用した結果，生ずるのはナッシュ均衡ではありませんから，少なくとも1人はその理論に違反して，別の戦略を取ることで利得が増えます。その人にとっては，裏をかいて皆の採用した理論に従わないことがベストです。ですから，そのような変な理論ですと，その理論を深く研究して，理論に従わず別の手をとった方がよいという，大変に不思議なことが起こってしまいます。このようなことが起こらないためにも，ナッシュ均衡は合理的な意思決定の問題を考えるときの出発点になるわけです。

● もう一つの解釈

ゲームを何回も繰り返し，他の人の手を見て，次の回に，手を変えていくという状況を考えてみましょう。ただし，各回のゲームでは，前回の結果を見て合理的に選択するだけで，長期的に計画して戦略を取ることはしないとします。このとき，長期的に同じ状態（定常状態）が続くためには，それがナッシュ均衡でなければなりません。そうでないと，誰かが，その状態から手を変えてしまうからです。これも，ナッシュ均衡の一つの解釈です。

長期的に同じゲームを繰り返したときに，人々の取る行動が元のゲームのナッシュ均衡に近づいていくという研究は，いろいろあります。理論研究もありますし，実験研究もあります。逆に，近づいていかないという研究もあるため，この方向で，ナッシュ均衡を完全に解釈するのは興味深い問題ですが，難しいかもしれません。

最後にふれておくべき問題は，やはり均衡が存在しない場合にどうするかという問題でしょう。実は混合戦略というものを含めれば，常にナッシュ均衡は存在します。混合戦略というのは，先ほどふれたように，さいころを振って行動を決めるという方法です。この話のためには数学がどうしても必要ですし，その解釈が難しい点もあるので，本書では扱いません。船木（2012）などをご覧ください。本書の第12章にも少し説明があります。

第4章
ゲームの木と逆向き帰納法

4.1 先手後手の想定

　本章ではゲームの木と逆向き帰納法について解説します。これは展開形ゲームとも呼ばれ，現実問題の分析には大変便利な方法です。

●ナッシュ均衡がない規格間競争ゲーム（再録）
　前章で紹介した，規格間の競争ゲームを再び取り上げます。企業ＡとＢの２社があり，２つの規格があります。Ａ社は異なる規格を好み，Ｂ社は同じ規格を好みます。

BOX4-1　規格間の競争

A \ B	規格1	規格2
規格1	1, 5	2, 4
規格2	3, 3	0, 6

　このゲームのナッシュ均衡はありません。本章ではこの状況でＡとＢの持つ情報の条件を変更して分析します。そうすると，違う形のナッシュ均衡が現れます。

● 先手と後手

　いままでお話ししたゲームは，すべてのプレイヤーが同時に反応を行う同時手番ゲームでした。もし，このゲームに先手後手がある場合，どうなるかを考えてみましょう。

　先手後手というのは囲碁とか将棋とかチェス等のゲームと同様，一方が先に手を選ぶと，それを見て他方が手を選ぶ。その次にまたそれを見て，一番先に手を選んだ人が手を選ぶという系列でゲームが続いていく状況のことです。先に手を選ぶ人のことを先手，後に手を選ぶ人を後手（ごて）といいます。後手の人は先手の手を見てから手を選びます。先手の人は，自分が先手であり，次に後手である相手が自分の手を見てから手を選ぶことを知っています。

　囲碁や将棋の場合，先手は得だといわれることがあります。それには実は数学的な理由があるのですが，このような先手後手のあるゲームでは，常に先手は得なのでしょうか。たとえば日常生活のいろいろな場面で，必ず先手必勝なのでしょうか。これが本章の1番目の問題です。

4.2　展開形ゲームによる表現

● ゲームの木による表現の方法

　まず，先手後手があるケースをどうやって表現するかを説明します。ゲーム理論の用語では展開形ゲームといいますが，ゲームの木，あるいは意思決定の木というものを使って表現します。それはBOX4-2のようなものです。木に見えませんか？　横に寝ている木を立てて見てもらうとよいのですが，左端が根っこです。根っこから出発して右側に向けて木が生えていると思ってください。

　先ほどの規格間競争を例に，ゲームの木が何を表しているか説明します。

　まず左端の分岐点は，Aが規格1か規格2を選ぶことを示します。次の分岐点がBの選択を示しています。これらのそれぞれの分岐点●を手番と呼びます。

　Aが規格1か2を選ぶと，Bはそれを知って自分の手番で規格1か2を

第4章
ゲームの木と逆向き帰納法

4.1　先手後手の想定

　本章ではゲームの木と逆向き帰納法について解説します。これは展開形ゲームとも呼ばれ，現実問題の分析には大変便利な方法です。

●ナッシュ均衡がない規格間競争ゲーム（再録）

　前章で紹介した，規格間の競争ゲームを再び取り上げます。企業AとBの2社があり，2つの規格があります。A社は異なる規格を好み，B社は同じ規格を好みます。

BOX4-1　規格間の競争

A \ B	規格1	規格2
規格1	1, 5	2, 4
規格2	3, 3	0, 6

　このゲームのナッシュ均衡はありません。本章ではこの状況でAとBの持つ情報の条件を変更して分析します。そうすると，違う形のナッシュ均衡が現れます。

● 先手と後手

　いままでお話ししたゲームは，すべてのプレイヤーが同時に反応を行う同時手番ゲームでした。もし，このゲームに先手後手がある場合，どうなるかを考えてみましょう。

　先手後手というのは囲碁とか将棋とかチェス等のゲームと同様，一方が先に手を選ぶと，それを見て他方が手を選ぶ。その次にまたそれを見て，一番先に手を選んだ人が手を選ぶという系列でゲームが続いていく状況のことです。先に手を選ぶ人のことを先手，後に手を選ぶ人を後手（ごて）といいます。後手の人は先手の手を見てから手を選びます。先手の人は，自分が先手であり，次に後手である相手が自分の手を見てから手を選ぶことを知っています。

　囲碁や将棋の場合，先手は得だといわれることがあります。それには実は数学的な理由があるのですが，このような先手後手のあるゲームでは，常に先手は得なのでしょうか。たとえば日常生活のいろいろな場面で，必ず先手必勝なのでしょうか。これが本章の1番目の問題です。

4.2　展開形ゲームによる表現

● ゲームの木による表現の方法

　まず，先手後手があるケースをどうやって表現するかを説明します。ゲーム理論の用語では展開形ゲームといいますが，ゲームの木，あるいは意思決定の木というものを使って表現します。それはBOX4-2のようなものです。木に見えませんか？　横に寝ている木を立てて見てもらうとよいのですが，左端が根っこです。根っこから出発して右側に向けて木が生えていると思ってください。

　先ほどの規格間競争を例に，ゲームの木が何を表しているか説明します。

　まず左端の分岐点は，Aが規格1か規格2を選ぶことを示します。次の分岐点がBの選択を示しています。これらのそれぞれの分岐点•を手番と呼びます。

　Aが規格1か2を選ぶと，Bはそれを知って自分の手番で規格1か2を

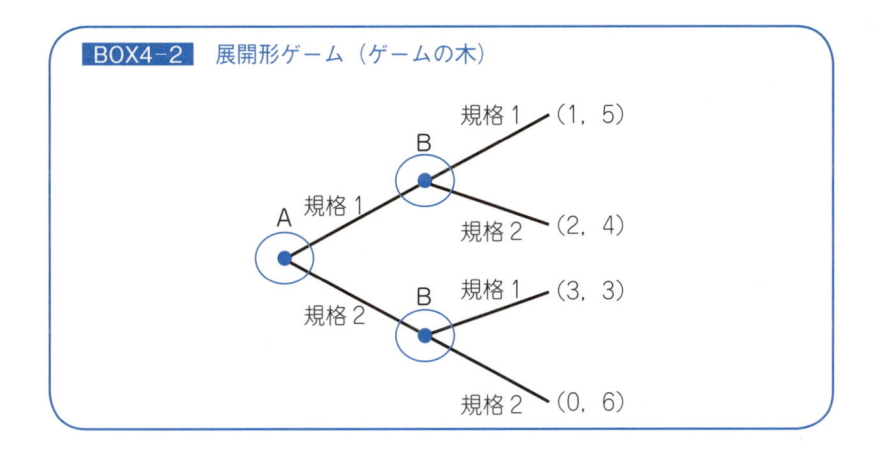

> **BOX4-2** 展開形ゲーム（ゲームの木）
>
> ```
>            規格1
>         B ────── (1, 5)
>     規格1 │
>         ────── (2, 4)
>   A        規格2
>   │
>     規格2    規格1
>         B ────── (3, 3)
>           │
>         ────── (0, 6)
>            規格2
> ```

選びます。その際，上のBの分岐点 • は，Aが規格1を選んだ後の手番であることを示します。下のBの分岐点 • は，Aが規格2を選んだ後の手番であることを示しています。

　A，Bが規格1，規格1と選ぶと，2人の利得は（1，5）となり，それは右端の最上段に表されています。これはAが利得1をもらってBが利得5をもらうことを示しています。

　このように，プレイヤーが順番に行動を選んでいくわけですが，途中の○についてもう少し説明を加えましょう。この○はゲーム理論の用語では**情報集合**といいます。後の節で出てくるように，この○印の中に2つ以上の手番があるとき，そのどちらにいるかわからないことを示しています。

　BOX4-2では○の中の手番は1つしかないので，自分の手番の位置すなわち，自分の前の人の選択がわかるということを意味しています。したがって，このゲームでは，Aが最初に規格1か規格2を選び，もしAが規格1を選ぶと，Bにはそれがわかり，Aが規格2を選ぶと，やはりBにはそれがわかるということを表しています。

● **情報の構造**

　重要なことは，このような情報の構造をAもBも2人とも知っていると

いうことです．A が規格 1 を取ると B はそれを知って，規格 1 か規格 2 を取ります．A が規格 2 を取ると，B はそれを知って規格 1 か規格 2 を取ります．この構造の全体像を A も B も知っています．すなわち，A は自分の選択を B が知ることを知っているわけです．

　これは当たり前のように聞こえるかもしれないですが，重要なことです．私が先手であなたが後手であることを，一緒に見ていれば，お互いがそのことを知っているのは当然と思われます．しかし，別室で意思決定が行われるとすると，あなたが先手ですといわれても，それが相手にわかっているかどうか自分にはわかりません．このことは，自分の意思決定にも影響を及ぼすわけです．

4.3　逆向き帰納法

●逆向き帰納法による解き方

　このケースで標準的な解き方は，逆向き帰納法と呼ばれるものです．これは，後ろ向き帰納法，あるいはバックワードインダクションと呼ばれることもあります．

　その方法を説明しましょう．B は相手がどちらかを選択するとそれがわかるわけですから，相手が規格 1 をとったということを知ったらどうするか，相手が規格 2 だったらどうするか，ということを考えることができます．

　企業 B は相手と同じ規格を取ることが有利でしたので，A が規格 1 を取ったのがわかれば規格 1，A が規格 2 をとったのがわかれば規格 2 を選びます．すなわち，上の手番では規格 1，下の手番では規格 2 を取るはずです．これが合理性の第一歩です．この選択は BOX4-3 に青線で書かれています．

　企業 A も B も合理的ですから，企業 B がこのように考えるということを，当然 A は頭の中で考えると想定します．自分がこう取ったら B はこうくる

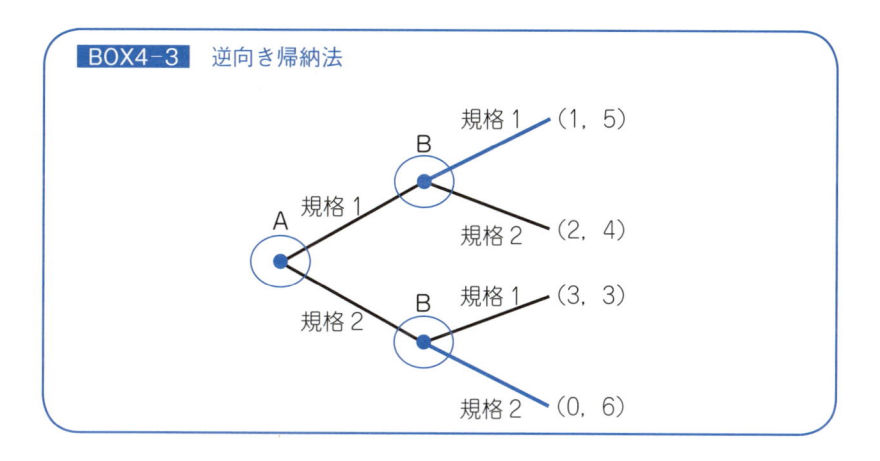

> **BOX4-3** 逆向き帰納法
>
> ```
>              規格1
>         B ──────── (1, 5)
>    規格1 ●
>    ╱     ╲ 規格2
> A ●       ──────── (2, 4)
>    ╲
>    規格2          規格1
>         B ──────── (3, 3)
>         ●
>           ╲ 規格2
>            ──────── (0, 6)
> ```

だろう。こう取ったらこうくるだろう，それを考えて，自分が何を選択するかを決めるというわけです。

　ということは，Aは，自分が規格1を取ればBが規格1を取り，自分の利得は1になる。自分が規格2を取ればBも規格2を取り，利得0になるということを容易に想像することができます。ですから，Aはその2つの利得のうち大きい方を選び，規格1を取ります。それに応じてBも規格1を取ります。これがBOX4-4に青線で書かれています。このように，合理的な戦略を後ろ側から逆向きに求めているので，逆向き帰納法と呼ばれています。

　ここで求められたすべての行動の組をサブゲーム完全均衡点といいます。（正確にいうと，サブゲーム完全ナッシュ均衡点です。ナッシュ均衡の一つですが，より精緻化されています。）その名前は，すべてのサブゲームにナッシュ均衡を導くことに由来します。

　サブゲームとは，展開形ゲームの中で，それ自体が1つの展開形ゲームの構造をなしている部分のことをいいます。たとえば，この展開形ゲームにおいて，Bの手番は1人だけのゲームと見ることができます。同様に，下のBだけの手番も1人だけのゲームと見ることができます。これらは，いずれもサブゲームです。このような2つのサブゲームにおいて，企業Bは

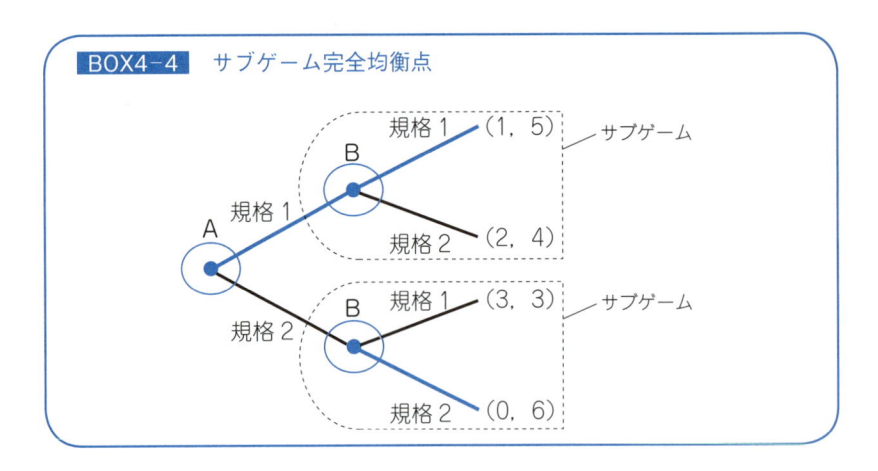

> **BOX4-4** サブゲーム完全均衡点
>
> ```
>                      規格 1   (1, 5)  ┐
>                    B                   │ サブゲーム
>            規格 1 ／  ＼ 規格 2 (2, 4) ┘
>           A
>            規格 2 ＼   ／ 規格 1 (3, 3) ┐
>                    B                   │ サブゲーム
>                      規格 2   (0, 6)  ┘
> ```

最適な行動，すなわちナッシュ均衡をとっています。それを前提にして，全体のゲームでもナッシュ均衡をとっているので，サブゲーム完全均衡点と呼んでいます。勘のよい方はわかると思いますが，サブゲーム完全ではない，すなわちBが最適な行動を取らないようなナッシュ均衡があります。それは，後ほど説明します。

● 戦略の記述

先に進む前に，注意点があります。このゲームのサブゲーム完全均衡点はどれかと質問すると，すぐに出てくる答えは「Aが規格1，Bが規格1，を取る」という答えです。しかしこれだけではサブゲーム完全均衡点といえません，確かにゲームの流れはそのようになっており，Aが規格1を取り，Bが規格1を取って，(1, 5) という結果になります。しかし，これは行動の計画すべてを記述しているわけではありません。

これだけですとナッシュ均衡になっているかのチェックができません。ナッシュ均衡というのは，すべてのプレイヤーにとって，自分が手を変えたときに得をしない状況です。そうなっていることをチェックするためには，企業Bの下の手番で何をしているかが定まっている必要があります。

企業Bの上の手番では規格1から規格2に変更すると利得が5から4に

下がって損をするから手を変えません．しかし，Ａが最初の手番で規格１から規格２に手を変えると，もし，Ｂの下の手番が定まっていないと，その結果どうなるかというチェックができません．ところが，先ほどの議論から，ＡはＢが下の手番で規格２を取ることがわかっているので，手を変えると自分の利得が０に下がり損をすることが計算できるので，手を変えないことになります．これで，ナッシュ均衡のチェックが完了します．

ですから，サブゲーム完全均衡点は「Ａの規格１という選択の他に，Ａが規格１のときはＢが規格１，Ａが規格２のときはＢが規格２」と記述する必要があるわけです．ＡとＢには，合計して３つの意思決定の場所，手番があるわけなので，そのすべてにおける行動を記述することがここでの戦略の組になります．

ゲーム理論で戦略というのは行動の計画です．ですから，何が起こったときに何をするかということを**すべて記述しなくてはなりません**．その意味で，このゲームにおいて企業Ｂの戦略は（規格１，規格１），（規格１，規格２），（規格２，規格１），（規格２，規格２）の４つになります．

ここで，（　，　）の左側が上の手番での行動，右側が下の手番の行動であることに注意してください．この中の（規格１，規格２）が各サブゲームのナッシュ均衡を形成しています．この書き方によるとサブゲーム完全均衡点は（規格１，（規格１，規格２））と書くことができます．

前章までの話は，同時手番のために，こういう面倒な議論がありませんでした．ところが，このような逐次的意思決定をするケースですと，ゲームの木の中で到達しない場所が出てきます．Ａの規格２に対応する手番は起こりません．起こらないことは考えなくていいだろうと思うかもしれませんが，この起こらないことがもし起こったらどうなるかということを考えておくことが重要なわけです．それがサブゲーム完全均衡点の考え方です．

まとめると，サブゲーム完全均衡点は，起こらないことでも，もし起こったらどうなるかと考えて，すべての状況で合理的な意思決定はどうなるかということを，全部積み上げていって後ろから計算していったものです．これ

は，経済分析の中でナッシュ均衡とともに大変よく出てくる考え方です。

　ゲームの木というものを作って，サブゲーム完全均衡点を計算すると非常に合理的なことがわかります。相手が合理的でないとこうした計算はできないわけです。Aは，Bが合理的であるということを基にして計算しています。B自身も合理的です。Bの後には手番はないので自分が合理的であることだけを考慮すればいいのですが，Aは相手が合理的であるということを前提として，考慮を深めて選択をしなければなりません。

●先後逆のゲーム

　前節までで，Aが先手でBが後手だった場合の話をしました。その逆の場合はどうなるか計算してみましょう。対応するゲームの木はBOX4-5のようになります。Bが規格1か規格2を選んで，それを知ってAが規格1か規格2を選びます。

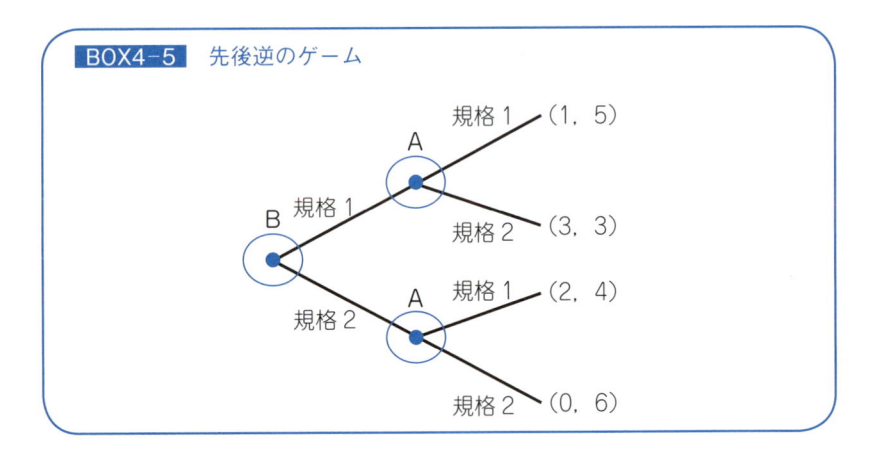

BOX4-5　先後逆のゲーム

```
              規格1  (1, 5)
           A
      規格1     規格2  (3, 3)
   B
      規格2  A  規格1  (2, 4)
              規格2  (0, 6)
```

　最初に意思決定を行うのはBですが，逆向き帰納法ですから，後手番のAが何を取るかを先に考えましょう。Bが規格1を選び，上の●の手番にきたときにはAは利得1か3を比べて規格2を選びます。

　一方，Bが規格2を選び，下の●にきたときは，Aは利得2か0ですか

ら規格1を選びます。これで後手Aの選択が求まりました。

この考えを基にBは規格1か規格2を選びます。したがって利得3と4を比べて，規格2を取ります。最終的に，サブゲーム完全均衡点はどうなるかというと，Bが規格2を取り，Bが規格1のときAは規格2を取る，Bが規格2のときAは規格1を取る，となります。先ほどの書き方ですと，((規格2，規格1)，規格2) となります。はじめの2つがAの選択，後の一つがBの選択です。手番が3つあるわけですが，そこで何を取るかを全部記述しています。

●先手と後手どちらが有利か

ここで先手後手のどちらが有利か，考えてみることにしましょう。Bが先手のときは，結果として (2, 4) になりました。一方，Aが先手のときの結果は (1, 5) でした。

これを比べてみましょう。Aの先手のときの利得1と後手のときの利得2を比較すると，Aにとっては先手より後手の方が有利です。

一方，Bにとっては，先手のときの利得4とBが後手のときの利得5を比べて，やはり後手の方が有利です。

つまり，このゲームは先手不利なのです。この結果はよく考えると当たり前です。規格決定を後にした方が構造的に得になっています。「後出しじゃんけん」というのがありますが，じゃんけんでは後出しすれば必ず勝利します。同様にこの場合も相手が何を取ったかわかって，それに対する最適なものを取ればいいので，後出しが有利です。企業Aは違う規格を取る方がよいので，後手でしたら相手の規格を見て違う規格を取ることができます。企業Bは同じ規格を取りたいので，後手でしたら相手の手を見て同じ規格を取るわけです。

このゲームはこういう結果になりましたが，常に後手が有利とは限りません。先手後手のどちらが有利かはゲームによります。ただ，このタイプのゲームのように，利害が完全に対立している場合は，一般的に後手の方が有利

です。

　ここで述べた先手後手の考え方は，シュタッケルベルグ（1905-1947，ロシア生まれの経済学者）が提案した解の考え方ですので，ミクロ経済学ではシュタッケルベルグ均衡として分析されています。この考え方は展開形ゲームのサブゲーム完全均衡点として統一的に分析することができます。

4.4　同時手番のケースの分析

●同時手番のゲームの木

　さて，それでは前章で説明した同時手番のケースをゲームの木で考えるには，どうすればよいのでしょうか。Ａが規格１か規格２を選ぶのと同時にＢが規格１か規格２を選ぶことを考えます。このような同時手番のゲームはゲームの木で書くとBOX4-6のようになります。

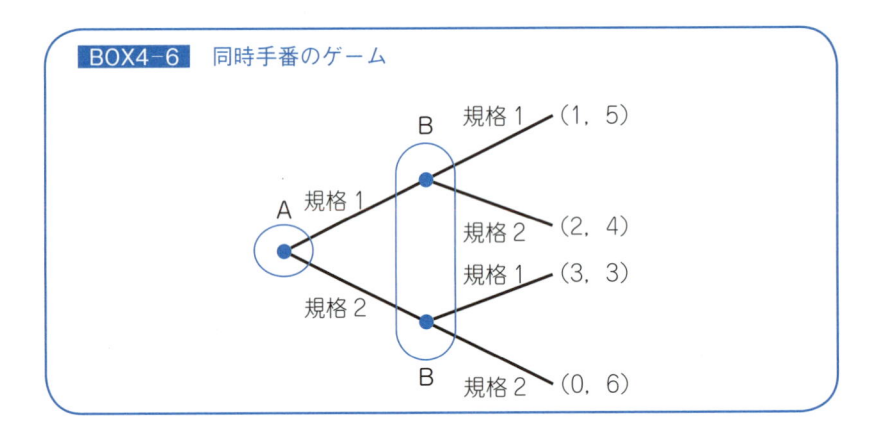

BOX4-6　同時手番のゲーム

```
                    B    規格 1 ─(1, 5)
              規格 1 ●
            A       ╲  規格 2 ─(2, 4)
            ●
              規格 2 ╱  規格 1 ─(3, 3)
                    ●
                    B    規格 2 ─(0, 6)
```

　この図では，真ん中のＢの◯が細長くなっているのに注目して，情報集合の定義を思い出してください。ここでは企業Ｂは上の手番にいるか下の手番にいるかわからないということを表しています。（点線でつないで表現される場合もあります。）いいかえると，これで，ＢはＡの選択の情報を持っていないということを表現しています。Ａは先にどちらかの選択をした

が，Bはその選択内容を知らずに決定するということを表します。

　厳密にいうと，次の2つの設定は異なるかもしれません。一つは別室にいるAが何か意思決定をし，その結果はわかりませんが，そのことを知ってBに意思決定をしてもらうという設定です。すなわち，決定の順番はありますが，BがAの決定を知らずに選択をするという設定です。

　もう一つはAとBが完全に同時に意思決定をするという設定です。2人の意思決定に順番がないので，相手の選択を知ることは不可能です。

　ゲームの木による分析では，この2つの設定は完全に同一であり，BOX4-6で表されると考えます。（ただし，この2つのゲーム実験を行うと必ずしも同じ結果が出ないことが報告されています。）

　Bが先に選び，その結果を知らずにAが後に選んだらどうなるかというと，見た目の図は異なりますが同じことを表します。Bが先に選び，Aが後に選ぶという表現になるので，Aの情報集合が細長い◯になりますが全く同じものであるとして取り扱います。

●逆向き帰納法は使えない

　ここで注意しなければいけないのは，同時手番の場合には逆向き帰納法が使えないということです。というのは，細長い◯の中でBあるいはAは上下のどちらにいるかわからないので，逆向き帰納法の方法は使えず，その方法でナッシュ均衡を求めることはできません。

　最後に人数が増えた場合を考えてみましょう。この場合も，各プレイヤーが順番に選択をし，その選択が後のプレイヤーすべてに知れるのであれば，逆向き帰納法を適用し，サブゲーム完全均衡点を求めることができます。最後の手番さえ確定すれば，そこを起点に逆向きに求めることができます。もし，利得が同じで，選択が1つに定まらなかった場合，それら利得の同じ複数の選択肢の中から1つを選び，逆向き帰納法を続けていきます。それらの一つひとつの選択に対し，1つのサブゲーム完全均衡点が対応します。したがって，そのような利得がタイとなる状況がたくさんあると，必然的に

多くのサブゲーム完全均衡点が現れます。

4.5　参入阻止問題への応用

●新規企業の参入阻止問題

　さて，ここまでで学んだ考え方を，有名な経済学的問題に応用してみましょう。産業障壁の問題あるいは新規企業の参入阻止問題として，経済学の中の産業組織論という分野でよく取り扱われる話です。

　いま2つの企業があって，それぞれを既存企業と新規参入企業とします。たとえばある市場を既存企業B社が独占していたところに，その市場に利益があると考え，新規参入企業A社が新たに参入することを狙っているという話です。仮にB社独占の状況では，A社はゼロの利益，B社は6億円の利益をその市場から上げているとします。アップル社のipadが登場して間もない時期は，タブレット型コンピュータの市場は事実上そのような状況であったといえるでしょう。

　新規参入企業のA社はB社に比べ，参入後，新しく工場を建設する必要があるので費用面でハンディキャップがあります。仮にそのための費用が1億円であったとしましょう。

　A社の参入に対し，B社にはそれを容認するか敵対するかという，2つの選択肢があります。容認というのは，そのまま2社で通常の価格競争をする場合です。このとき，B社の利益は半分の3億円になるとします。A社はそこそこの利益が上がり2億円になるとします。

　敵対というのは，たとえば製品の価格を大きく値引きしたり，大がかりな宣伝広告をしたりするなど，何らかの対抗措置を取る場合です。たとえばB社は価格を大幅に引き下げ，その結果自社の利益は大きく下がり1億円になるものとしましょう。一方，新規参入したA社の方は手痛いダメージを受けます。新しく工場を造って売り出そうと思った途端，B社が大きな値下げをしてきたと考えます。そのような場合にはA社の利益は−2億円，

> **POINT4-1** 参入阻止の問題
>
> ●既存企業（B）
> ●新規参入企業（A）
> ●新規参入がない → A 0，B 6億
> ●新規参入がある
>   ●既存企業が容認 → A 2億，B 3億
>   ●既存企業が敵対 → A －2億，B 1億

すなわち2億円の損失であるとします。

● 参入阻止ゲーム

　このような状況を分析するには，先ほどのゲームの木による表現が便利です。BOX4-7 を見てください。

　A 社は，はじめに参入するか非参入かを決めます。非参入のときは A 社の利益は 0 億円，B 社の利益は 6 億円です。これは (0，6) と表現されています。もし A 社が参入をすると，それを知って B 社は容認するか敵対するかを考えます。このとき容認だったら A 社の利益は 2 億円，B 社の利益は 3 億円です。一方，敵対だったら A 社は－2 億円，B 社は 1 億円になります。それぞれ，(2，3)，(－2，1) と表しています。

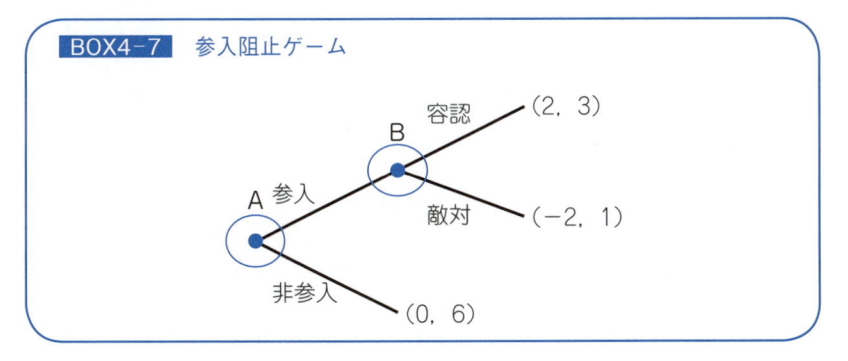

> **BOX4-7** 参入阻止ゲーム
>
> ```
>                  容認
>                B ───── (2, 3)
>          参入 ╱
>         A ───
>          ╲    ╲ 敵対
>           ╲    ───── (-2, 1)
>            ╲
>          非参入
>             ───── (0, 6)
> ```

4.5　参入阻止問題への応用　77

このゲームのサブゲーム完全均衡点はどうなるでしょう。もしA社が参入した場合，B社にとって容認すれば3億円，敵対すれば1億円ですから，容認を取るのが合理的です。これがわかると，それを前提として，A社は参入すれば2億円，非参入だと0となるので，A社はそれを見込んで参入するというのが，合理的な答えです。それがただ1つのサブゲーム完全均衡点になります。

　これがナッシュ均衡であることを確認してみましょう。B社はもし容認を敵対にすれば利得が3から1に下がってしまうので，手を変えません。A社は，もし参入を非参入に変えると，利得が2億円からゼロに下がってしまうので，手を変えません。B社の手番のサブゲームでも最適な選択を行っています。

　さて，B社は自社だけで独占していた利益を，A社が参入したためにA社にも分けなければなりません。B社にとってA社は大変邪魔な存在です。本来は敵対したいわけですが，敵対行動は最適な行動になりません。なぜなら，すでにA社は参入しているので，もはやB社の利益は3億円になるか1億円になるかのどちらかの選択しかないからです。

● 戦略形ゲームによる分析

　それでは，この状況を戦略形ゲームのナッシュ均衡でもう一度分析してみましょう。A社の戦略は参入か非参入，B社の戦略は容認か敵対です。その結果何が起こるかが定まっているので，意思決定の順番は関係ありません。したがってBOX4-8のように利得行列を書くことができます。ゲーム理論では戦略というのは，すべての状況が起こったときに何を取るかという行動の計画なので，それ自身は同時に決めると考えられます。したがって，同時手番の戦略形ゲームとして分析することが可能です。

BOX4-8　参入阻止ゲームの戦略形表現

A \ B	容認	敵対
参入	2, 3	−2, 1
非参入	0, 6	0, 6

　利得行列を見てください。A 社が非参入の場合，B 社が容認しようが敵対しようが，利得は関係なく，(0, 6) になります。A 社が参入すると，B 社が容認すれば (2, 3)，敵対すれば (−2, 1) になります。

　ナッシュ均衡を計算してみましょう。まずは A 社の最適反応です。B 社が容認をしたときには A 社は参入をした方が利得が大きく，B 社が敵対したときには，非参入の方が利得が大きいことがわかります。

　一方，A 社に対する B 社の最適反応は，A 社の参入に対しては容認となります。A 社の非参入に対しては，B 社はどちらを取っても利得が同じで，容認も敵対も最適反応です。互いに最適反応であるところを求めると，ナッシュ均衡が 2 つあることがわかります。それは，(参入, 容認) と (非参入, 敵対) です。

　しかしながら，サブゲーム完全均衡点として求められたのは (参入, 容認) だけでした。それに対して (非参入, 敵対) はどのように解釈できるのでしょうか。次にその説明をしましょう。

● 脅し均衡とサブゲーム完全均衡点

　BOX4-9 は 2 つのナッシュ均衡に合わせて，線の色を変えています。(参入, 容認) というのがサブゲーム完全均衡で，濃い青色で表されています。一方，戦略形表現のナッシュ均衡には，(非参入, 敵対) というものが

> **BOX4-9** 脅し均衡とサブゲーム完全均衡
>
> ```
>         B  容認   (2, 3)
>    A 参入 ●
>      ●    敵対   (-2, 1)
>      非参入
>           (0, 6)
> ```

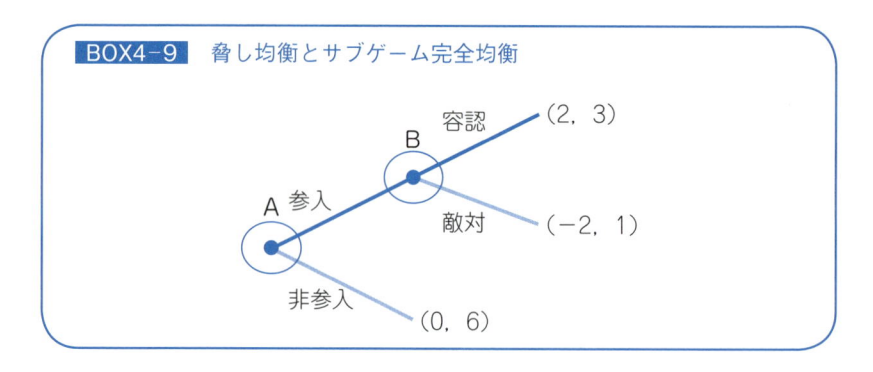

ありました。これは薄い青色の線で表されています。

　（非参入，敵対）がナッシュ均衡であることをこのゲームの木で確認してみましょう。（非参入，敵対）において，B社は手を変えても利得は変わりません。したがって手を変える理由はありません。それはそのBの手番が実現しない手番だからです。一方，この状態でA社が参入に手を変えると，B社の敵対により，最悪の利得−2になります。したがって，A社は手を変えることができません。このようにして，この薄い青色の組もナッシュ均衡になることがわかります。どこが違うかというと，このナッシュ均衡にはB社にとっての非合理な行動「敵対」が含まれています。

　合理的な選択の研究をしているのに，なぜ，非合理な行動が許されるのでしょうか。A社が参入した場合，B社の合理的な行動は容認です。しかしながら，薄い青色のナッシュ均衡にはA社の参入に対してB社が敵対するという非合理な行動が含まれています。なぜ，それが許されるかというと，この手番が実現しないからです。もし本当にA社が参入してきたらB社は損をするわけですが，現状ではA社は参入したときの損を恐れて非参入を選んでいるからです。

　サブゲーム完全均衡点では，起こらないことも起こることも，どの手番でもすべて合理的な行動を取ると考えています。しかし，ナッシュ均衡では，起こらない手番では，合理的な行動を取ると考えなくてもいいわけです。

　合理性を追求するのであれば，サブゲーム完全均衡点を採用して，ナッシ

ュ均衡を無視すればよいと考えればよいと思われるかもしれません。しかしながら，サブゲーム完全均衡点でないナッシュ均衡にも興味深い性質があり，それは案外，合理的な行動とも考えられます。

　参入時に敵対するということをもっとよく点検してみると，B社は自分の利益を下げて，A社に敵対し，A社の利得を下げています。大きく利得が下がるので，A社がそれを信じればA社は非参入になります。その結果，B社は最大利益6を得ることができます。B社は3から1に自分の利益を下げることによって，相手の行動を変えようとしています。これは一種の「脅し」と考えられます。自分の利益が下がっても相手の利益を下げるという脅しをしているわけです。

　その脅しが利いて相手の行動が変わると自分の利益が最大になります。そのようなナッシュ均衡のことを，脅し均衡と呼んでいます。このケースでは脅し均衡であるナッシュ均衡と，サブゲーム完全均衡点の2つの解があるわけです。どちらが現実に近いのか，説明力があるのかというのは，簡単には決着がつきません。

　合理性でいえばサブゲーム完全均衡点です。しかし，B社の行動を考えてみると，B社は脅しを実行することによって，相手の行動を変え，自分の利得を最大化できるかもしれないわけです。ですから，B社が自分の脅しによってA社の行動を変えられると信じ，A社もそのとおり非参入を取ると，B社にとって大変有利なナッシュ均衡が生ずるわけです。しかし本当に2社はそれを信じるのでしょうか。A社がそれでも参入したら果たしてB社は敵対できるのでしょうか。これは，脅しの信憑性の問題といえます。大変興味深い問題ですが，理論的にはなかなか解決できません。ゲーム実験の興味深い応用分野になっています。

● 本節のまとめ

　本節の分析をまとめておきましょう。新規参入問題で，既存企業は一見，容易に参入障壁を作ることができそうなのですが，理論的にいうとそうとは

限りません。サブゲーム完全均衡点によると，敵対行動はできなくなってしまいます。ですから，新規企業は容易に参入するかもしれません。その意味で参入阻止は成功しないかもしれません。ただし，Ｂ社の脅しが成功すれば参入阻止は成功します。企業行動はかなり合理的なので脅しは成功しないとも考えられます。

　企業行動を深く分析するには，こういう面も含めて分析する必要があり，ゲーム理論はそのための大事な分析の糸口を与えています。

第 5 章
戦略的投票の分析

　本章では，いままでお話しした同時手番ゲームと，先手と後手があるゲームを用いて「戦略的投票」について分析します。

　最初の例として国連事務総長選出の投票の問題を取り上げます。次にさまざまな委員会での意思決定の問題を分析します。ゲーム理論が経済学だけでなく，政治学の領域においても示唆に富む研究成果を上げているのがおわかりになると思います。

5.1　国連事務総長の投票

●国連事務総長を選ぶ

　国際連合（United Nations；国連）事務局の最高責任者として国連事務総長がいます。国連憲章において事務総長とは，「総会，安全保障理事会，経済社会理事会及び信託統治理事会のすべての会議において事務総長の資格で行動し，かつ，これらの機関から委託される他の任務を遂行する」存在であり，「国際の平和及び安全の維持を脅威すると認める事項について，安全保障理事会の注意を促すことができる」とされています。

　国連事務総長は，安全保障理事会（5 常任理事国＋10 非常任理事国）の勧告により総会が 5 年の任期で任命します。総会に先立ち，安全保障理事会内で候補の推薦をしますが，このとき，すべての常任理事国の同意を含む 9 理事国の賛成票が必要になります。すなわち常任理事国が 1 か国でも反対すれば推薦は受けられません。

ここでは，1996年の国連事務総長の選出について取り上げたいと思います。それまでの事務総長を挙げていくと，初代リー（ノルウェー出身・在任1946-1952），第2代ハマーショルド（スウェーデン・1953-1961），第3代ウ・タント（ビルマ，現在のミャンマー・1961-1971），第4代ワルトハイム（オーストリア・1972-1981），第5代デクエヤル（ペルー・1982-1991），そして第6代がガリ（エジプト・1992-1996）でした。この第6代ガリ事務総長の次の事務総長を選出するという話です。

　1996年に行われた次の国連事務総長の選出において，候補は3人いました。1人は現職の事務総長であるエジプトのガリ。これまで事務総長の多くは2期10年務めていますので，再選をねらうということです。もう1人は国連のベテラン職員である，ガーナのアナン。それから，ノルウェーの首相を務めたブルントラントです。

　そのような3人の候補者の中から独特の投票メカニズムに基づいて事務総長を選出するのですが，その結果何が起こるか，あるいは何が起こったかということを，ゲーム理論を使って分析したいと思います。

●選出の仕組み

　本書の設定では，投票者が2人の2人ゲームです。事務総長は安全保障理事会で推薦され，総会で任命されて決まります。前述のように安全保障理事会の推薦を受けるには，常任理事国と非常任理事国の中で投票が行われてから承認されなければなりません。

　その当時の状況では，大きくアメリカ（U）の立場に立つ側とアフリカ（A）の立場に立つ側という2つの勢力が拮抗していました（以下ではこれを単にアメリカ，アフリカと呼びます）。そこで投票権を持つ国をこの2つの勢力に単純化し，2人の意思決定問題として分析します。2人ゲームなので単純な話のように思えますが，以下のように投票の仕組みが単純でないため，分析はそう簡単ではありません。

> **POINT5-1** 国連事務総長の候補者と投票者の選好順序
>
> - ガリ（G）…エジプト人　前事務総長
> - アナン（A）…ガーナ人　国連のベテラン職員
> - ブルントラント（B）…ノルウェー人　元首相
> - 投票者：アメリカ（U），アフリカ（A）
> - 拒否する候補を U→A で順に投票
> - アメリカ：B＞A＞G
> - アフリカ：G＞A＞B

　国連の事務総長選出のための投票の仕方は少し変わっていて，拒否する候補を順に投票する形になっていました。つまり，この候補は国連事務総長にしたくないという候補に投票していきます。そして，最初にアメリカが投票して，その後アフリカが投票するようになっていました。

　アメリカとしては，一番事務総長にしたいのはノルウェーのブルントラントでした。その次がアナンで，当時のガリ事務総長は続けさせたくありませんでした。これには，そのころガリの構想で行われていたソマリアへの国連PKO活動がうまくいっていなかったことが背景にあります。このような好みの順序のことを選好順序と呼びます。

　一方，アフリカは，ガーナのアナンよりも，以前からのガリ事務総長の再選を望んでいました。それからアナン，ブルントラントというのが選好順序です。

　実際に多数の人が投票する場合には，自分の1票というのはあまり関係ないかもしれませんが，委員会における少人数の投票では，1票が非常に重要で，慎重に決定しなければなりません。

　単純に考えると，自分が最も嫌いな人を順番に投票すればよいように思えます。すなわち，アメリカがガリを拒否し，アフリカがブルントラントを拒否して終了ということです。しかしながら，アメリカとアフリカというプレ

イヤーはもっと戦略的に行動する可能性があります。その戦略的な投票行動を分析します。

● 展開形ゲームによる表現

以上の話を展開形ゲーム，ゲームの木で表すとBOX5-1のようになります。

最初にアメリカ（U）が投票して，次にその結果を知って，アフリカ（A）が投票します。どちらも，拒否する候補を1人ずつ選んでいき，残った1人が事務総長になります。数値化した方が分析するときに見やすいので，1，0，−1という数値で，プレイヤーの選好を記述しています。

図の読み方は以下のようになります。これは同時手番ではなく，逐次手番ゲームになります。最初にアメリカが意思決定を行います（図の左端部分）。その決定を知り，アフリカが意思決定をします（図の中央部分）。

アメリカがガリ（G）を拒否して，アフリカがアナン（A）を拒否すると，残った候補ブルントラント（B）が事務総長になります。そのときの利得が（1，−1）と記述されています。これはアメリカにとって最も好ましく，アフリカにとって最も好ましくないことを表しています。

アメリカがアナン（A），アフリカがブルントラント（B）を拒否すると

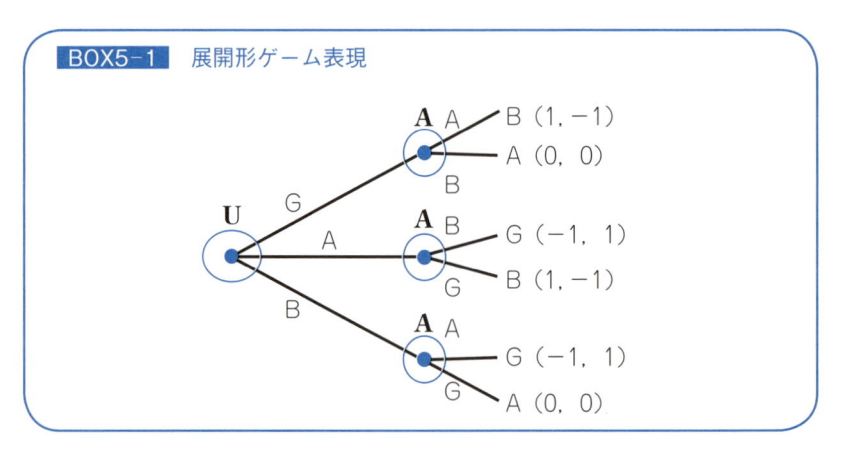

BOX5-1　展開形ゲーム表現

```
              A  A ─ B (1, −1)
            ／  ＼
           ／    A (0, 0)
          ／   B
     G  ／
      ／       A  B ─ G (−1, 1)
  U ●ーー A ーー●
      ＼       G ─ B (1, −1)
       ＼  B
        ＼    A  A ─ G (−1, 1)
         ＼ ／
          ●
           ＼
            G ─ A (0, 0)
```

ガリ（G）が事務総長になります。そのときの利得は（−1, 1）です。Gはアメリカにとって最も好ましくないので−1, アフリカにとって最も好ましいので1となります。

図の右端の（　，　）の左側がアメリカの利得です。アメリカにとって最も好ましいのがブルントラント（+1）で，次がアナン（0）で，最後にガリになります（−1）。一方，アフリカの利得は図の右端部分の（　，　）の右側の数値で表されます。

一番好ましいのはガリで，選好が完全に対立しています。ですから一つひとつの括弧を見ると，すべて足して0になっています。片方が得をすると片方が損をする，そういう状況になっています。

● 逆向き帰納法によって解く

それでは，実際にこれを解いてみます。逆向き帰納法ですから後ろ側から解いていきます。この場合，選択は拒否する候補の名前ですので，拒否されず残った1人が最終結果になることに注意して問題を解きます。

アフリカの選択を見ましょう。まずは一番上のAの手番を見てください。これはすでにアメリカがガリを拒否した状況で，アフリカはブルントラントかアナンのどちらかを拒否します。アナンを拒否すればブルントラントが事務総長になり，ブルントラントを拒否すればアナンになりますから，−1と0のいい方，すなわち0を目指して，ブルントラントを拒否します。

2番目のAの手番を見てください。同じような議論で，アフリカはBを拒否します。さらに，3番目のAの手番で，アフリカはAを拒否します。これはBOX5-2で表現されます。

次の段階ですが，アメリカにとっては，Gを拒否するとBが拒否されてAになる，Aを拒否するとBが拒否されてGになる，Bを拒否するとAが拒否されてGになる，ということがわかります。アメリカはAとGではAを好むので，Gを拒否します。

すなわち，まず後ろ側のサブゲームを全部解いて，それを前提にアメリカ

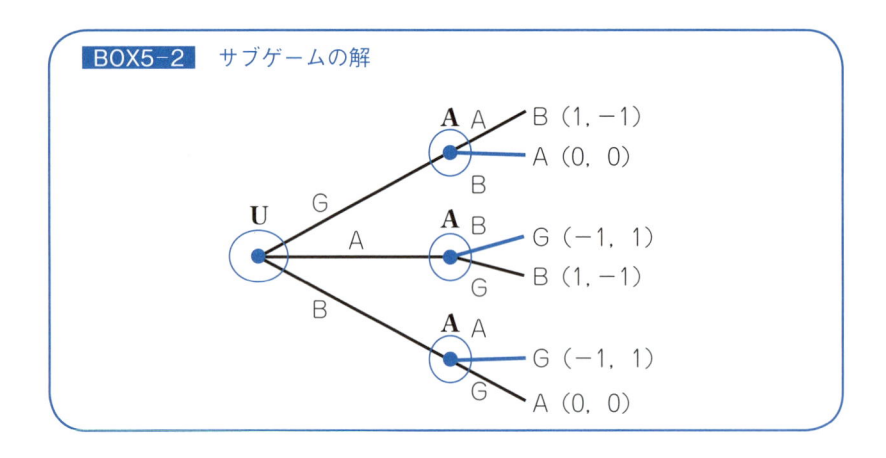

> **BOX5-2**　サブゲームの解
>
> ```
>                    A  A ─── B (1, -1)
>                 ┌─●───
>                G│    B ─── A (0, 0)
>                 │
>          U     A    A  B ─── G (-1, 1)
>          ●─────●───
>                 │    G ─── B (1, -1)
>                B│
>                 │    A  A ─── G (-1, 1)
>                 └─●───
>                      G ─── A (0, 0)
> ```

の最適な選択を解きました。この逆向き帰納法による分析の重要な前提は，この状況をアメリカもアフリカもよく把握しているということです。とくにアメリカがそのことを知って選択していることが重要です。アメリカは自分が先手であることを知り，自分が選んだ結果を知ってアフリカが何を選ぶかという計算ができるということが重要です。

　アメリカがGを拒否し，アフリカがBを拒否し，その結果残された候補はA，すなわち（0, 0）になるのが結果ですが，サブゲーム完全均衡点の記述としては不十分です。展開形ゲームにおける戦略というのは行動の計画ですから，すべての手番における行動を記述する必要があります。

　アメリカはGを拒否する，そのとき，アフリカはBを拒否する。その他の手番におけるアフリカの行動は，アメリカがAを拒否したら，Bを拒否する。アメリカがBを拒否したら，Aを拒否する，となります。これらのすべてでサブゲーム完全均衡点が構成されます。すなわち，（G,（B, B, A））がサブゲーム完全均衡点です。ここで，後半の括弧が各手番でのアフリカの行動を表しています。アフリカの戦略の総数は，2の3乗，8個でした。そのうちの一つだけがサブゲーム完全均衡点のアフリカの戦略になります。

● ナッシュ均衡の計算

　それでは，ナッシュ均衡はどうなっているでしょうか。サブゲーム完全均衡以外にナッシュ均衡を計算するためには少しやっかいですが，BOX5-3のような利得行列を作成しなければなりません。

BOX5-3 戦略形ゲーム表現

U \ A	AGG	AGA	ABG	ABA	BGG	BGA	BBG	BBA
G	B	B	B	B	A	A	A	A
A	B	B	G	G	B	B	G	G
B	A	G	A	G	A	G	A	G

　前述したように，アフリカ（**A**）の戦略の数は 8 個です。BOX5-3 のアフリカの戦略を説明しましょう。各手番に 2 つずつ選択肢があり，3 つの手番があります。一番上の手番（アメリカが G）では選択 B，真ん中の手番（アメリカが A）のとき選択 B，一番下の手番（アメリカが B）のとき選択 A というのはアフリカの一つの戦略ですが，それを BBA と上から順に書くことにします。これはアフリカの一番右側の戦略です。一方，一番左側の戦略 AGG というのは，アメリカが G のとき A，アメリカが A のとき G，アメリカが B のとき G を取ることを表しています。

　このように利得行列におけるアフリカの戦略は，一番上の段がアメリカが G を拒否したときの選択，中段がアメリカが A を拒否したときの選択，下段がアメリカが B を拒否したときの選択を示しています。8 個の戦略を確認してください。なお，アメリカ（**U**）の戦略は G，A，B の 3 つあることも確認してください。

　利得のマスには結果として最終的に選出される事務総長が書かれています。

5.1　国連事務総長の投票

スペースの節約のため利得の数値は省略されています。アメリカがGを拒否したとき，結果に関係するのはアフリカの上段の選択で，4つのAに対する結果がB，4つのBに対する結果がAになっています。

さて，アメリカがAを拒否すると，関係するのは，アフリカの中段の選択です。Gを拒否すると結果はBになり，Bを拒否すると結果はGになります。

アメリカがBを拒否すると，アフリカの下段の選択だけが関係します。Gを拒否するとA，Aを拒否するとGとなります。これですべてのマスを埋めることができました。少し面倒ですが，原則がわかれば単純です。これと同じ方法がいろいろな問題を解くときにも必要ですので，ぜひ慣れてください。

ナッシュ均衡を求めるためには最適反応を計算すればいいわけです。まず，アメリカの最適反応を計算します。アメリカが一番好むのはBです。ですから，アフリカの8つの戦略に対してアメリカの最適反応を求めると，まずAGGに対してはBを目指してGかAを取ります。AGAに対しては，やはりBを目指してGかAを取ります。ABGに対してもBを目指してGを取ります。ABAに対してもBを目指してG，BGGに対してはBを目指してA，BGAに対してもBを目指してAを取ります。BBGのときには，AかGしか実現できないので，アメリカが好きな方のAを目指して，GかBを取ります。最後にBBAのときもAを目指して，Gを取ることになります。これはBOX5-4に青いマルで示されています。

次にアフリカ側の最適反応を求めます。アフリカは，アメリカの戦略G，A，Bに対して，どれを取るかを考えればいいわけです。

アメリカのGに対して，結果はBかAですから，最も好ましいAを目指して，BGG，BGA，BBG，BBAが最適反応になります。アメリカのAに対して，結果はBとGですからより好ましいGを目指して，ABG，ABA，BBG，BBAの4つが最適反応になります。

BOX5-4　アメリカの最適反応

A\U	AGG	AGA	ABG	ABA	BGG	BGA	BBG	BBA
G	Ⓑ	Ⓑ	Ⓑ	Ⓑ	A	A	Ⓐ	Ⓐ
A	Ⓑ	Ⓑ	G	G	Ⓑ	Ⓑ	G	G
B	A	G	A	G	A	G	Ⓐ	G

　アメリカのBに対しては，最も好ましいGを目指して，AGA，ABA，BGA，BBA，が最適反応となります。これらの最適反応が重なるところが，ナッシュ均衡になります。すなわち，ナッシュ均衡は（G，（B，B，G）），（G，（B，B，A））の2つになります。この2つにおいて選ばれる結果はAになります。これが BOX5-5 に2重マルで書かれています。

BOX5-5　同時手番ゲームのナッシュ均衡

A\U	AGG	AGA	ABG	ABA	BGG	BGA	BBG	BBA
G	B	B	B	B	A	A	Ⓐ	Ⓐ
A	B	B	G	G	B	B	G	G
B	A	G	A	G	A	G	A	G

　結果はともにAですが，この2つを比べてみましょう。その違いは，ア

5.1　国連事務総長の投票

フリカの一番下の手番での選択の違いです。左側の BBG ではアメリカが B のとき G を取り，右側の BBA ではアメリカが B のとき A を取ります。注意深く見ると，右側はサブゲーム完全均衡点と同じであり，左側は違います。

本来，アメリカが B を拒否したとき，アフリカは合理的だったら A を拒否し G を残すべきであり，サブゲーム完全均衡点ではそのようになっていますが，左側のナッシュ均衡では，そうでなくて，G を拒否してしまっています。その意味で非合理な行動ですが，前章の脅し均衡での話のように，アメリカは B をとらないのでこの手番は実現しません。この非合理な行動はナッシュ均衡の実現には関係しないわけです。

ただし，起こらないことは考えなくてもいいというわけではありません。ゲーム理論の立場では戦略というのは行動の計画ですから，すべての手番について，たとえそれが実現しないとしても行動の計画をしておく必要があります。

実現しない手番は，何をとってもよいかというと，そうではありません。合理的に行動しなければならない場合もあります。アフリカの中段の選択は B でした。アメリカが A を拒否する場合は，サブゲーム完全均衡点でないナッシュ均衡でも，合理的な選択である B の拒否を取る必要があることに注意してください。ですから，たとえ実現しない手番であっても，何をやってもいいかというと，そうではなく，ある許容範囲の中で非合理な行動を取ってもいいのが通常のナッシュ均衡というわけです。サブゲーム完全均衡点はそういうことが一切なく，どの手番でも合理的な選択を要請します。ナッシュ均衡とサブゲーム完全均衡点の違いをおわかり頂けましたでしょうか。

なお，本節で紹介したストーリーは Dutta（1999）を基にしています。

5.2　委員会の意思決定

　それでは，これまでの分析をさまざまな委員会の意思決定に応用してみましょう。もう少し投票の制度の分析を深めたいと思います。

　委員会において投票で意思決定することを考えます。投票といっても単純多数決，全員一致，拒否権者がいる場合など，そのルールは千差万別です。投票のルールに従って，最適行動は変わるので，ルールを考えることは大変重要です。ここでのルールというのは意思決定の制度であり，ゲーム理論を応用した一つの制度分析ということもできます。

●単純多数決

　まずルールとしてどのようなものがあるか考えてみましょう。たとえば，3人が集まってどこかに食事に行くことにします。中華に行くか和食にするか洋食にするかを相談して決めたいと思っています。その際，最も行きたいものに手を挙げてもらう方法があります。それぞれが1票を持ち，それを投じて，一番票数の多かったものを選ぶ制度は，単純多数決と呼ばれます。ただし，この場合，一人ひとりの好みが異なるとタイ（同点）が生じて結果が定まりません。

　投票のルールとして明確に議論するためには，このようなタイが起こったとき，どのように処理をするかあらかじめ決めておかなければなりません。現状維持で，どこにも行かないという選択が可能であれば，それが選ばれるというのも一つのルールです。タイの場合，くじでランダムに決めるというのもルールです。いずれにせよ，それを事前に決めておかないと，制度としては分析できなくなってしまいます。なお，投票者は，必ずしも自分の好ましいものに投票しなくともよく，戦略的に投票していいということに注意してください。このためにゲーム理論で分析する価値があるのです。

● 3 人の投票者の例

　投票の順番が非常に重要であるという話をしたいと思います。プレイヤーとしての投票者は1，2，3の3人です。選択肢の方は，A案かB案か現状維持で，それをA，B，Nと名づけます。Nは現状のままという選択肢であることに注意してください。

　選好関係は，プレイヤー1はAが好き，次にBで，Nが一番嫌いであるとします。2はB，N，Aの順番，3はN，A，Bの順番です。これは，いわゆる3すくみの構造になっています。

POINT5-2 　委員会の意思決定（3者の投票）

- プレイヤー（投票者）1，2，3
- 選択肢：A案，B案，N（現状維持）
- 1の好み（選好）A＞B＞N
- 2の好み（選好）B＞N＞A
- 3の好み（選好）N＞A＞B
- 単純多数決投票の結果
  - A 1票：B 1票：N 1票 → タイ・最悪な状況

　この単純多数決のゲームではタイの場合は選択肢が選ばれず，皆にとって最悪な状況になるとします。このとき各人の戦略の数は3で，同時手番のゲームになります。戦略の数はそれぞれ3つですので，3×3×3の27通りの結果がありますが，その中のナッシュ均衡をすべて求めるのはそう簡単ではありません。しかし，いくつかのナッシュ均衡は簡単に計算できます。3人がいずれかの同じ案に投票するのはすべてナッシュ均衡になります。このとき，各人の選好には全く関係ありません。たとえば全員がAに投票したとしましょう。このうち1人が手を変えても，依然としてAに2票はいるので結果は変わりません。ですからナッシュ均衡になります。全員がBを投票してもナッシュ均衡，全員がNを投票してもナッシュ均衡です。

この他にも3人のプレイヤー1, 2, 3がそれぞれ, (A, B, A) と投票するのもナッシュ均衡です. プレイヤー1は最も好ましいAが選ばれているので, 手を変えようと思いません. 2は手を変えても結果が変わりません. 3は手を変えるとBを選出させたり, タイにしたりできるのですが, いずれも自分にとっては好ましくない結果なので手を変えようと思いません. ですからナッシュ均衡になります.

　しかしタイのときのルールを少し変えると結果が変わります. タイのときは現状維持案Nが成立するとしましょう. そうすると, プレイヤー3は自分の投票をNに変えることで, タイを導き, 結果をNにすることが可能です. このようにタイのルールは重要です. 一方, 全員が同じ案に投票するナッシュ均衡では, タイのルール変更に影響されないことに注意してください.

●過半数多数決と過半数選択肢

　単純多数決ではあまりうまい分析ができませんでした. 次に過半数多数決というのを考えます. 過半数というのは非常に重要です. というのは, 単純多数決だと非常に少ない票数でも当選してしまう可能性があるからです. 多人数の投票において, 1つの案が2票を獲得し, 他の案がすべて1票か0ならば, 可決してしまいます. しかも, そのような2票獲得した案は, 他の人々は皆, 一番好ましくないと思っている可能性もあります.

　必ず過半数を実現するにはどうしたらよいでしょう. 3人の投票者がいる場合, もし選択肢が2つしかなかったならば, 2票対1票か3票対0票になるので, 必ずどちらかが過半数となります. (棄権というのも権利だという考え方はもちろんありますが, ここでは棄権は許さないことにします.)

　AとBの2つの案を対戦させることにしましょう. このとき, 3人が自分の選好そのままに投票をすると, BよりAを好む人が2人いるので, 2対1でAが勝利します. AとNを対戦させると, AよりNが好きな人が2人いるので, やはり2対1で, Nが勝ちます. NとBを対戦させると, NよりBが好きな人が2人いるので, 2対1でBが勝つというわけです.

> **POINT5-3** 過半数多数決
> - A：Bの投票　A 2 票：B 1 票 → A 決定
> - A：Nの投票　A 1 票：N 2 票 → N 決定
> - B：Nの投票　B 2 票：N 1 票 → B 決定
> - 委員会の選好の集計は不可能
> - 投票のパラドックス

　3種類の2つの選択の間の対戦を考えました．もしこのとき，一つの選択肢が他の2つの選択肢に対して勝利するのであれば，それは過半数選択肢と呼ばれます．それはこの問題の一つの解といえるものなのですが，残念ながら，この例では，そのような選択肢はありません．勝利する選択肢はすべてばらばらで，グー，チョキ，パーのような3すくみの状況が現れていることを確認してください．この現象は投票のパラドックスと呼ばれているものです．

　実は，このとき，どのようなルールあるいは枠組みで考えても，うまくいかないことを説明したいと思います．

● アローの不可能性定理

　投票のルールというのは無数にあるわけですが，どんなルールを作ってもうまくいかないという有名な定理を証明した人がいます．これは，アローという経済学者が最初に研究したので，アローの不可能性定理と呼ばれています．もっともアロー自身はこの状況を一般化して，3つ以上の選択対象に関して，選好順序を民主的に集計するルールは存在しないことを証明しています．この投票のパラドックスの問題は，その定理の中に内包されている問題です．

●審議の順番

さて,3すくみの問題の解決のため,はじめに2つの選択肢の間で投票をすることを考えましょう。問題はその順番です。

先にAを拒否するか否かを投票するルールを考えます。BOX5-6を見てください。これは展開形ゲーム,ゲームの木に似ていますが異なる点があるので気をつけてください。最初にAを拒否するかしないかを投票で決定し,次にBを拒否するかしないかを決定する2段階のゲームを考えます。この図で1, 2, 3と書いてある正方形の部分は,そこで3人が同時に投票して決定することを示しています。

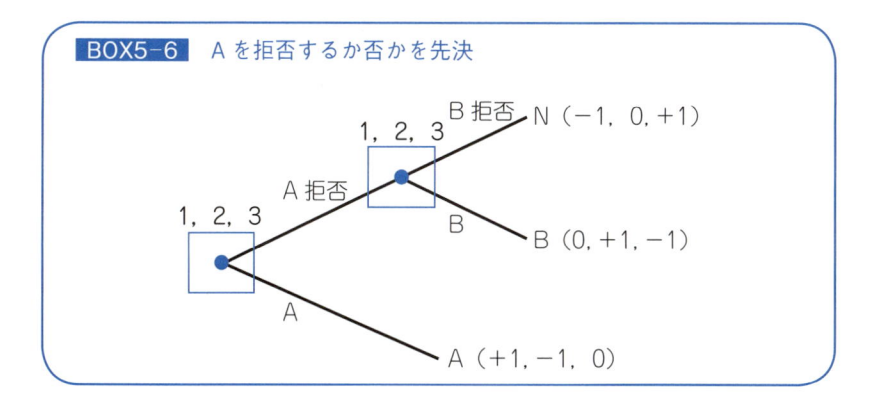

BOX5-6 Aを拒否するか否かを先決

```
                    B拒否
            1,2,3 ┌──── N (−1, 0, +1)
         A拒否 ■
  1,2,3 ┌────●
  ■──●        B
        │         └──── B (0, +1, −1)
        │ A
        └──────────── A (+1, −1, 0)
```

最初の投票で,Aが拒否されると上に行き,Aが拒否されないときはAに定まります。Aが拒否されると,改めて,Bを拒否するか否かの投票になりますが,Bを拒否すると自動的に現状維持のNになるので,それはBとNの間で投票していることと同じです。この投票も3人の投票であることは同じです。

このゲームのサブゲーム完全均衡点を逆向き帰納法で計算しましょう。後ろのサブゲームはBOX5-6の右上の正方形以降の部分です。この正方形以降の部分を通常の展開形ゲームとして拡大すると,BOX5-7のようになります。

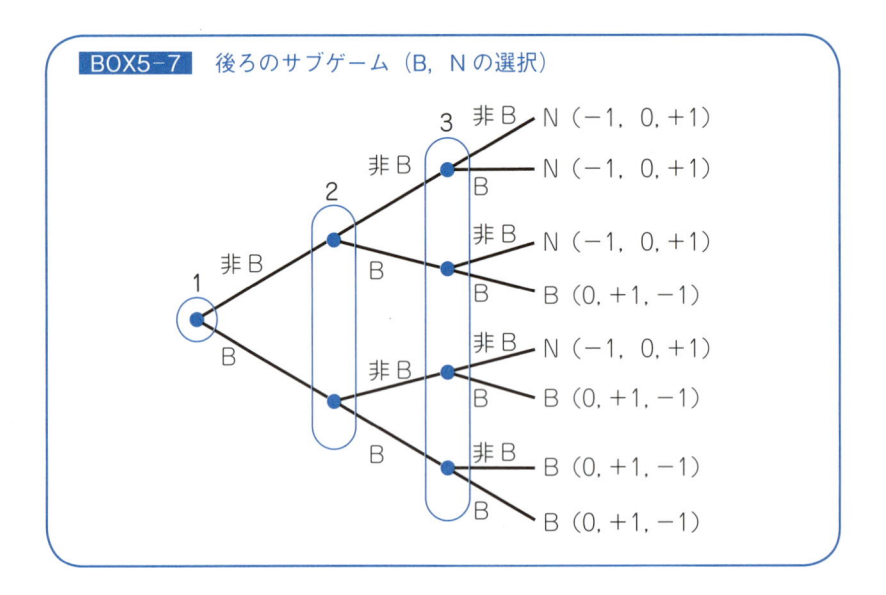

```
BOX5-7  後ろのサブゲーム（B，Nの選択）
```

                            3 非B ── N (−1, 0, +1)
                      非B ●
                    2   B ── N (−1, 0, +1)
                  ●
             非B   B   非B ── N (−1, 0, +1)
        1   ●
      ●   B ── B (0, +1, −1)
        B   非B 非B ── N (−1, 0, +1)
                  ●
                    B   B ── B (0, +1, −1)
                      ●
                       B 非B ── B (0, +1, −1)
                           B ── B (0, +1, −1)

　これは後ろのサブゲームです。A が拒否されたという条件の下での投票ですから，結果は B か N だけです。3 人のプレイヤーは同時に B か B 拒否（非 B）を投票します。選出された結果に対するプレイヤーの選好が，結果に続く利得の形で，好みの順番に +1，0，−1 のように記載されています。

　このゲームは同時手番 3 人ゲームなので，そのナッシュ均衡を探すのは容易ではありません。そこで戦略形ゲームで表現してナッシュ均衡を求めましょう。

●戦略形表現と支配戦略均衡

　BOX5-8 において，プレイヤー 1，2，3 の戦略はいずれも，B か非 B です。ただし，プレイヤー 3 の戦略は右の行列か左の行列を選ぶような形で表現しています。3 人の戦略決定によって選出された結果は，N か B として，図の中に記入されています。

　ナッシュ均衡を求めるために，3 人の最適反応を調べましょう。

> **BOX5-8** 戦略形表現

3 \ 2 \ 1	非B	非B		B	B
	非B	B		非B	B
非B	N	N	非B	N	B
B	N	B	B	B	B

　まず，プレイヤー1の最適反応です。1の選択は上の行か下の行で，NとBではBの方が好ましいと思っています。他の2人の戦略の組に対して，自分の好ましい戦略の方に○をつけて最適反応を示します。たとえばプレイヤー2と3ともに非Bのときには，プレイヤー1がどちらをとっても結果はNなので両方に○をつけています。プレイヤー2がB，プレイヤー3が非Bのときには，1の選択に応じた結果はNとBですからBの方に○をつけます。

> **BOX5-9** 最適反応

3 \ 2 \ 1	非B	非B		B	B
	非B	B		非B	B
非B	○N△	[N]	非B	N△	○[B]
B	○N△	○[B]	B	○[B]	○[B]△

　同じように，プレイヤー2の最適反応を求めましょう。2の選択は，左右の行列において，右の列か左の列を選ぶことであり，Bの方が好ましいので，他の2人の戦略の組に対し，好ましい方に□をつけて最適反応を示し

5.2　委員会の意思決定　99

	3	非B	非B		B	B
1	2	非B	B		非B	B
	非B	Ⓝ	N	非B	N	B
	B	N	Ⓑ	B	B	Ⓑ

BOX5-10　ナッシュ均衡

ます。たとえば1と3が非Bを取ると，プレイヤー2はどちらを選んでも，結果はNですから両方に□をつけます。

　さらに，プレイヤー3の最適反応です。3の選択は左の行列か右の行列であり，NとBではNの方が好ましいので，最適反応の方に△をつけます。たとえば，1が非Bで2がBの場合，自分の選択に対応する左右の行列の結果NとBを比べてNに△をつけます。ちょっとした作業ですが，その結果はBOX5-9のようになります。

　3人ゲームの場合は，2人ゲームより難しくなっていますが，求め方は同じです。○，□，△が重なったところがナッシュ均衡です。ナッシュ均衡はBOX5-10で二重マルがついたマスです。

　ナッシュ均衡は，全員が非Bを選択している場合と，全員がBを選択している場合，そして，全員が自分の好みの選択をしている（B，B，非B）です。さらに，それは注意深く見ると，支配戦略均衡であることがわかります。BOX5-10では前者2つが青い二重マル，最後の1つの支配戦略均衡が黒い二重マルで表されています。この支配戦略均衡をこのサブゲームの結果と考えましょう。

　一般に，戦略的に深く考えた投票をした人だけが得をするような投票システムはできるだけ避けたいという考え方があります。戦略的な投票が可能なシステムでは，深く考えることが可能な人と可能でない人がいる場合，深く

考えることが可能な人だけが有利な状況になってしまいます。そのような戦略的操作が有効でない仕組みが，よい仕組みであるといわれています。確かに，ここでは，人々が支配戦略を取るとすると，それは自分の好みの案に投票することと一致しています。

一般的に，2 選択肢の間で過半数多数決の投票を行うと，自分の真の好みのままに投票することが支配戦略になります。これが過半数多数決の特徴です。自分の選好を偽った投票をしても，何の利益もありません。

● A 案の審議を先に行う結果

このようにして，最後のサブゲームでは，唯一の支配戦略均衡の結果が定まりました。その結果 B が選ばれます。それを基に，前のサブゲームの結果を求めましょう。

BOX5-11 を見てください。前のサブゲームでは 3 人は A か A 拒否（非 A）を選択します。2 人以上非 A を選択すると次のサブゲームに行くわけですが，その結果は B となります。2 人以上 A を選択すると A が結果となります。

これも 3 人同時手番のゲームになりますので，同じ分析をしましょう。

唯一の支配戦略均衡が存在して，それは 3 人のプレイヤーが真の選好どおりの選択をすることです。すなわち，(A，非 A，A) となります。この結果，この 2 段階投票により A が選ばれるということがわかります。

この結果は，すべてのサブゲームで，支配戦略均衡を導いているので，唯一のサブゲーム完全支配戦略均衡点といえる結果ですが，その名称は一般的ではありません。ともかく，十分思慮深い，合理的な人たちが，最善を尽くしたときの結果と考えることができます。その結果，A が選ばれました。その意味で，この問題は，ひとまず「解けた」といえます。この結果は BOX5-12 のように表現できます。青色の線で，全員が支配戦略を選んでいるのがサブゲーム完全支配戦略均衡点です。

BOX5-11 前のサブゲーム（非A, Aの選択）

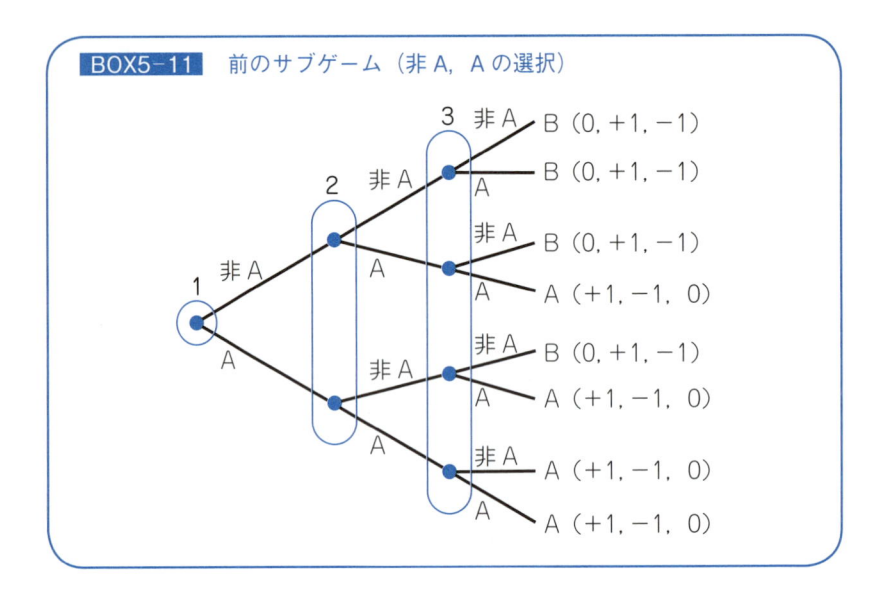

```
                              3  非A
                           ┌─────── B (0, +1, -1)
                     2  非A│
                    ┌──────┤    A
                    │      └─────── B (0, +1, -1)
                    │         非A
                    │      ┌─────── B (0, +1, -1)
               非A  │      │
          ┌─────────┤   A  │    A
          │         └──────┴─────── A (+1, -1, 0)
       1  │                   非A
          │                ┌─────── B (0, +1, -1)
          │         非A    │
          │      ┌─────────┤    A
          │      │         └─────── A (+1, -1, 0)
          └──────┤             非A
              A  │         ┌─────── A (+1, -1, 0)
                 │   A     │
                 └─────────┴─────── A (+1, -1, 0)
```

BOX5-12 Aを拒否するか否かを先決

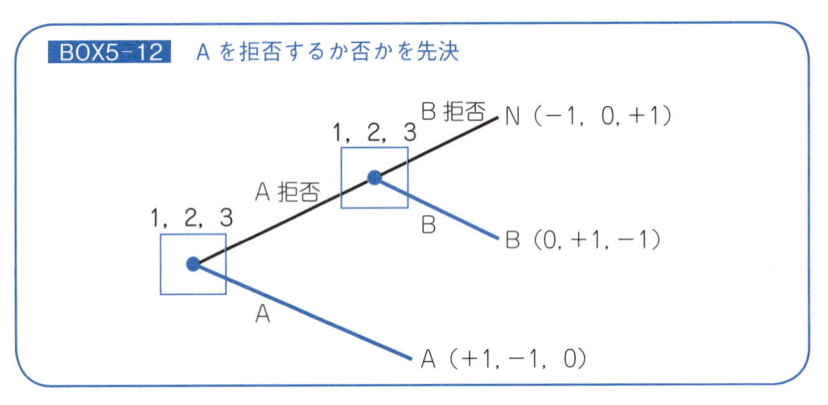

```
                   1, 2, 3  B 拒否
                 ┌─────────────── N (-1, 0, +1)
          A 拒否 │
      ┌─────────┤
1, 2, 3          │   B
      │          └─────────────── B (0, +1, -1)
      │
      │  A
      └────────────────────────── A (+1, -1, 0)
```

● B 案の審議を先に行う結果

それでは，審議の順番を変えて，B 案を拒否するかどうかを先に決定するとしましょう。この 2 段階ゲームは，BOX5-13 で示されます。

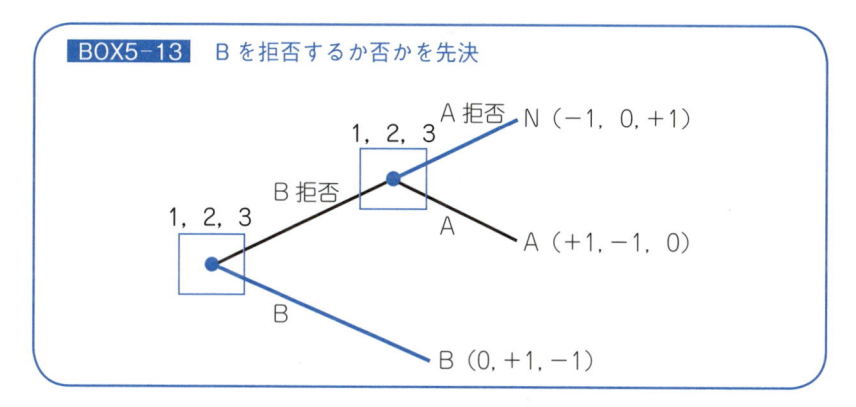

```
BOX5-13   B を拒否するか否かを先決
```

                                    A 拒否 N (−1, 0, +1)
                       1, 2, 3
                  B 拒否
                                    A   A (+1, −1, 0)
        1, 2, 3
                  B
                                    B (0, +1, −1)

後ろのサブゲームでは，A と非 A（N）の対戦となりますから，全員が真の選好を選ぶ支配戦略均衡は（A, 非 A, 非 A）となり，その結果は N となります。その結果を前提に，前のサブゲームを解くと，B と N の対戦になりますので，やはり，全員が真の選好を選ぶ支配戦略均衡を求めると，(B, B, 非 B) になり，その結果は B となります。これが，このゲームのサブゲーム完全支配戦略均衡点で，青色の線で表されています。

B 案を先に審議すると，今度は B が最終的な結果として表れました。

● N の審議を先に行う結果

最後に，先に現状維持（N）にするかどうかを審議する場合を分析しましょう。現状維持（N）にするか新しい案（A か B のいずれか，AB と表す）にするかという審議を先にして，それから A 案にするか B 案にするかという審議をします。この 2 段階ゲームとサブゲーム完全支配戦略均衡点は次の BOX5-14 で表されます。前と同じような計算によりサブゲーム完全支配戦略均衡点は，(AB, N, N) (A, B, A) となり，その結果は N となります。

BOX5-14　Nを先に審議

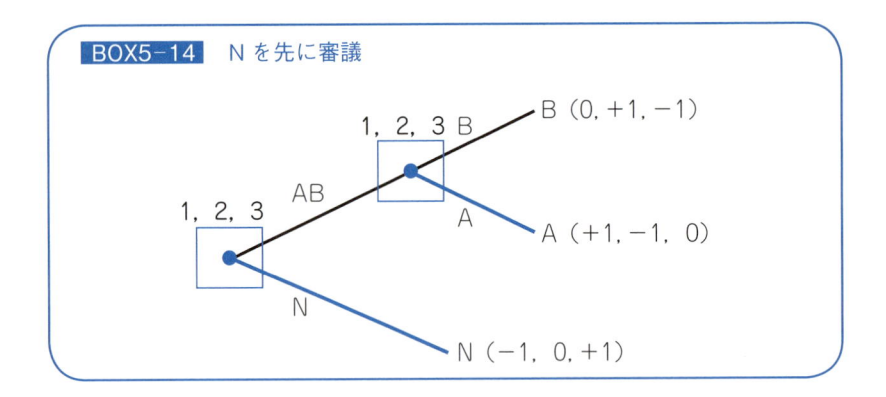

```
         1, 2, 3  B      B (0, +1, −1)
              AB
   1, 2, 3
              A          A (+1, −1, 0)
         N
                         N (−1, 0, +1)
```

● 3 すくみは解けたか

　このようにして，2 段階のゲームにすると，そのゲームに応じて，問題は解けました。これで当初の問題は解けたのでしょうか。一見，解けたように思えますが，実はまだ，問題は解けていません。

　その問題とは，A を先に審議するのか，B を先に審議するのか，それとも N を先に審議するのかという問題です。前述のように審議の順番で結果は A にも B にも N にもなります。ですから，あるルールのもとで，解けたように思えても，結局は審議の順番をどのように決めるかという問題が残ります。議会での審議では投票の前に審議順を決める予備会議があります。たとえ，議会の審議ではまとまるとしても，審議順の決定は難航することがあります。ここでの話はそれに対応しています。

　審議順を決める会議をあるルールの下で行ったとしても，やはりそのルールを決める会議が必要で，それはまとまりません。これは，どこまで行っても同じで，結局，「3 すくみ」はなくなりません。投票のパラドックスは解決しません。

● 修正した委員会の意思決定問題

　それでは，どのような場合にも常に問題は解決しないのでしょうか。先ほどの委員会の意思決定問題を少し修正して次のような別の問題を考えましょ

う。

> **POINT5-4** 委員会の意思決定（POINT5-2の修正）
>
> - プレイヤー（投票者）1，2，3
> - 選択肢：A案，B案，N（現状維持）
> - 1の好み（選好）A＞B＞N
> - 2の好み（選好）B＞A＞N
> - 3の好み（選好）N＞B＞A

　プレイヤー2と3の選好順序だけが，変わっています。プレイヤー2の2番目と3番目，プレイヤー3の2番目と3番目が入れ替わっています。全員の一番好きな案は同じなので，単純多数決ではタイになり，選択肢が選ばれないことは同じです。

　ところがこの場合には過半数選択肢があります。案Aと案Bを対戦させると，Aが1票でBが2票になってBが勝ちます。案Aと案Nを対戦させると，Aが2票でNが1票だからAが勝ちます。案Bと案Nを対戦させると，Bが2票でNが1票になってBが勝ちます。この場合，Bの勝利が2回出ています。3すくみではなく，2つの選択肢の間の投票では，常にBが勝つことがわかります。選択肢Bが必ず過半数で勝っているというわけです。

　AとBではBが過半数，BとNでもBが過半数の支持があります。このような性質をもつ選択肢Bは，その研究者にちなみ**コンドルセ勝者**（Condorcet Winner）と呼ばれます。そして，このような選択肢があれば，投票のパラドックスは解決します。審議順をどのようにしても，サブゲーム完全支配戦略均衡点の結果としてB案が出ます。分析の仕方は同じなので，自分で確認してみてください。

● 投票のパラドックスが起こらない条件

　選好の条件によっては，過半数選択肢が存在して，投票のパラドックスは解決します。それでは，どのような条件の下で，過半数選択肢が存在するのでしょうか。それには，選好の単峰性と中位投票者定理というものがあります。入門の範囲を超えますので説明だけすることにします。

　前述の委員会の意思決定の問題で，案を A，B，N の順で並べます。いろいろな並べ方がありますが，ここでは B 案を真ん中にします。さらに，選好順序に対応して +1，0，-1 の利得を与えてグラフにします。

　そうすると，プレイヤー 1 の選好は A，B，N の順であり，灰色の線で表されます。プレイヤー 2 の選好は，B，A，N の順であり，薄い青色の線で表されます。プレイヤー 3 の選好は，N，B，A の順であり，青色の線で表されます。

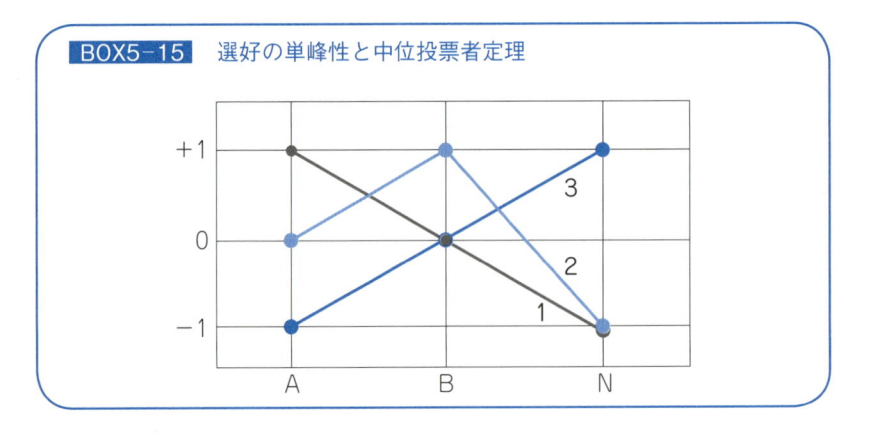

BOX5-15　選好の単峰性と中位投票者定理

　これは選好の単峰性の条件を満たしています。単峰性というのは山が 1 個という意味です。2 の選好は B が頂上です。1 と 3 には一見，頂上がないように見えますが，1 の頂上は A，3 の頂上は N と考えます。すべてのプレイヤーの選好に頂上があるというのが条件です。いいかえると V 字型がありません。

　このようにグラフを書いたときに，真ん中に来る選択肢が過半数選択肢で

す。投票のパラドックスが生じるケースですと，このようなグラフを書くことは不可能です。どのように選択肢を並べても，Ⅴ字型の選好が出ることを自分で確かめてください。

　なお，以上の議論は投票者数が偶数のときはタイが生ずるので若干修正する必要があります。

第6章 公共財供給のゲーム分析

本章のテーマは公共財です。経済学あるいはミクロ経済学のテキストの終わりの方に出てくる話です。市場の失敗として紹介されている話ですが、ゲーム理論の分析対象としては大変におもしろい問題です。公共財供給の問題はゲーム理論の有効性を示す一つの経済分野といえます。

6.1 公共財とは

●非競合性と非排除性

代表的な公共財は、警察、消防、港湾、公園、環境などです。経済学で取り扱う「財」とは有形のものだけでなく、サービスも含めて考えます。公共財でないものは、私的財といいます。リンゴとかミカンとかCDとか車といった普通の商品です。公共財の供給には市場メカニズムが働かないといわれています。公共財の性質を紹介して、その理由を説明しましょう。

公共財には、まず非競合性と呼ばれている性質があります。これは等量消費とも呼ばれています。たとえば警察サービスの例を考えてみましょう。警察は自宅周辺を見回り、防犯のサービスを供給しています。そのサービスは、その地域の住民すべてが等しく受けることができます。一方、たとえば私的財である水のボトルがあって、これを1人が飲んでしまうと、当然他の人は飲めないわけです。私的財には競合性があります。

公共財である公園もそうです。広い公園を考えてください。いま、100人の人が公園の中を散歩していたとします。そのようなとき、さらにもう1

人がその公園を散歩して，同じサービスを問題なく受けることができます。

　もう一つの公共財の性質は非排除性です。非排除性というのは，財，サービスを利用する人を制限することができないということです。いいかえると，お金を払った人だけに制限してサービスを供給することができません。最初に挙げた，公共財の例はこの２つの性質を満たしています。

　しかし，公園といっても，遊園地の場合には入場料を取っています。あるいは道路は代表的な公共財ですが，有料道路の場合もあります。けれども料金を取るためには，入り口を制限したりして，大きなコストがかかります。多くの場合，多大なコストをかければ種々のサービスに課金ができますが，排除することが不可能でないとしても困難であるという性質が非排除性と考えてください。

　このように課金ができないということから，私的企業が，対価を払ってこうしたサービスを供給することは難しいわけです。したがって，政府のような公的な企業が供給すべきと考えられます。一人ひとりの利用者からお金を取ることができないので，税金など何らかの別の方法で供給する費用をまかなわなければなりません。

　先ほど等量消費という性質でもふれましたが，公共財では１つの財を供給すると，多くの人が利用できます。ですから供給することによるメリットはたくさんあるにもかかわらず，その課金が難しいわけです。そのような財をどのようにして供給するかというのは大変重要な問題です。通常の市場メカニズムでは解決できないので，たとえば，警察や消防は国や地方政府によ

POINT6-1　公共財供給の問題

- 公共財…警察，消防，港湾，公園，環境
- 非競合性…等量消費
- 非排除性…課金が困難
- 囚人のジレンマの構造

って供給され，税金でまかなわれています．公共財の問題を解決する一つの仕組みは，税金を使って政府が供給するということです．しかし，それですべての問題が解けるのかどうか，あるいは政府が供給できないときどうするのか．そういう問題を考えていきます．

6.2　公共財の費用分担ゲーム

●ゲーム理論による分析

　それでは実際にゲーム理論を使って，公共財の問題を分析しましょう．

　まず最も単純なケースとして，2人のケースを考えます．2人は町から離れたところに住んでいて，夜はまっ暗です．2人の住まいは隣り同士で，同じ道路を使っているのですが，安全のために道沿いに電灯を建てたいと考えています．このとき1本の電灯を作るのに10万円の費用がかかるとします．

　電灯があることの便益をお金に換算するのは難しいですが，ここでは電灯ができると8万円の利益が生まれると仮定します．電灯が1本建つと，両家それぞれ8万円分の便益が生まれて，互いにメリットがあるとします．

　2人で合計16万円の便益が発生するのに，費用は10万円ですから，当然，電灯を建てた方がよいわけです．しかしながら，個人1人で費用を負担するとしたら，建てたくありません．なぜなら自分の8万円の便益のために，単独で10万円の負担をしなければならないからです．これでは2万円の損をしてしまいます．

　この電灯は公共財です．なぜなら，1本の電灯で2人とも同様に便益を受けることができ，さらに，電灯により道路が明るくなるサービスの利用を制限することができないからです．費用を負担した方だけがサービスを享受するように電灯を建てることはできません．すなわち，電灯は非競合性と非排除性を持っているわけです．電灯が建つと防犯にもなるし，まさに先ほどの警察サービスと類似のものと考えられます．

　もし相談ができれば，2人で相談して電灯を建てる合意をして話はおしま

> POINT6-2　公共財供給の分析例
>
> - 2人の隣人
> - 電灯の整備費　10万円
> - 各個人の利得　8万円
> - 個人で建設　8－10＝－2万円
> - 2人で建設　8×2－10＝6万円
> - 相談できない

いかもしれません。しかし実は後で説明するように，これは囚人のジレンマの構造になっているので，解決するのは，そう簡単にはいきません。

ここでは費用分担等のルールを決めて，電灯を建てる方法を考えることにしましょう。

●費用分担のルール

あるルールあるいは仕組み，制度によって，この問題を解決することを考えます。

1つの仕組みをBOX6-1に示しました。個人の戦略は放置か5万円の支払いか10万円の支払いです。放置というのは，何も払わないことで，他はAさん，Bさんが，募金箱のようなものにその金額を投入することです。投入金額の合計が10万円以上になったら電灯を建てます。なお，投入されたお金は余っても返金されず，慈善事業に寄付されるとしましょう。Aさん，Bさんは相談しないで独立に意思決定をします。

このときの利得の計算は難しくないと思います。両方とも放置であれば，何もしないので，（0，0）になります。もし，Aさんが放置で，Bさんだけ5万円払ったら，その5万円は返ってこないので，（0，－5）です。Aさんが放置でBさんが10万円を払うと，電灯が建ちます。Aさんは費用を支払わず電灯が建ったので8万円の利益，Bさんは10万円を支払っているので－2万円です。すなわち（8，－2）が結果です。このAさんのように，

BOX6-1　個人の個別支出

A＼B	放置	5万支出	10万支出
放置	0, 0	0, −5	8, −2
5万支出	−5, 0	3, 3	3, −2
10万支出	−2, 8	−2, 3	−2, −2

費用を負担することなく，公共財の便益を受ける人のことを，フリーライダー（ただ乗りする人）といいます。双方が5万円ずつを支出すると，電灯が建ち，双方とも8万円の利益を得るので（3，3）が結果です。Aさんが5万円，Bさんが10万円を支払うと15万円集まるので電灯が建ち，費用の10万円を超えた額は返金されないので，結果は（3，−2）です。双方10万円を支出したときに（−2，−2）になることもすぐにわかると思います。

さて，このゲームのナッシュ均衡を計算しましょう。3×3のゲームです。どこが最適反応になるか，自分でマルをつけてみましょう。そうすると，支配される戦略があることがわかります。放置と10万円支出を比較すると，その2つの戦略に対応して起こりうる利得は0，0，8と−2，−2，−2になります。それゆえ，放置は10万円支出を支配しています。これはA，Bともに同じです。したがって，2人の10万円支出の戦略を除外して，再度，分析してみましょう。すなわち，2人の戦略が放置と5万円支出しかないBOX6-2の縮小したゲームを考えます。

そのとき，ナッシュ均衡がどこにあるかというと，（放置，放置）と（5万円支出，5万円支出）の2つです。ここで，対応する利得は（0，0）と（3，3）ですから，2人とも後者を好みます。（5万円支出，5万円支出）はパレート最適なナッシュ均衡で，（放置，放置）はパレート最適でないナッシュ均衡です。

BOX6-2　縮小したゲーム

A \ B	放置	5万支出
放置	0, 0	0, −5
5万支出	−5, 0	3, 3

　どちらの均衡が起こりやすいでしょうか。パレート最適性を重視すれば，唯一のパレート最適なナッシュ均衡が生ずると考えられます。しかしながら，5万円の支出を選択すると，相手の手によっては利得が−5になるリスクがあります。ナッシュ均衡にはリスク支配という考え方があり，（放置，放置）は（5万円支出，5万円支出）をリスク支配する均衡点です。リスク支配するナッシュ均衡が起こりやすいという実験結果もあります。したがって，このケースにおいて，一概には結論が出ません。ただ，このルールの導入により，電灯建設の可能性は少し高まると考えられます。

●投票による決定

　次に，設置に賛成するか反対するかという投票で決定する仕組みを考えましょう。投票の結果，1人でも賛成の意見があれば，電灯が建ちます。もし電灯が建てば，賛成者の間で均等に費用を負担します。賛成者が1人であれば，1人で費用を分担します。2人であれば2人で費用を分担します。賛成者だけで費用分担するというのですから民主的なルールのように思えます。このようなルールを利得行列で表すと，次のようになります。BOX6-3を見てください。

　2人が賛成すると，10万円の費用を均等に負担するので（3, 3）が結果です。1人が賛成ですと，賛成した人だけが10万円を負担し，他の1人はフリーライドできます。すなわち，（−2, 8）か（8, −2）になります。もちろん，2人が反対すると（0, 0）です。このゲームは皆さんおなじみ

| BOX6-3 | 設置賛成者が負担（均等割） |

A \ B	反対	賛成
反対	0, 0	8, −2
賛成	−2, 8	3, 3

のゲームになっています。支配戦略は「反対」であり，（反対，反対）が支配戦略均衡です。一方，（賛成，賛成）は利得（3, 3）を生ずるので，（0, 0）をパレート支配しています。これは囚人のジレンマと同じです。囚人のジレンマの状況が現れてしまったので，解決が難しいことがわかります。

このようにルールによって，囚人のジレンマの状況にもなるし，電灯が建つナッシュ均衡が生ずる状況にもなるわけです。それはルールの決め方次第です。

● 5人ゲームの場合

人数が増え，プレイヤーが5人になった場合の公共財供給ゲームを考えましょう。より人数の多いゲームにも容易に拡張できます。

ある集落が周りから離れていて電灯を建てることを考えています。電灯の整備費は先ほどと同様に，1灯あたり10万円です。ただし先ほどの選択は1灯建てるか建てないかでしたが，今度は何灯建てるかという問題になります。5人の集落ですから電灯は最大5灯建てられることとします。

各個人の利得は1灯あたり8万円とします。先ほどの例は電灯が1つしか建たなかったので，便益はゼロか8万円だったのですが，今回は2灯建てば1人あたり16万円，3灯建てば，1人あたり24万円であると仮定します。電灯の数が多ければ多いほど，町が明るくなり犯罪も減り，皆がそれ

を喜ぶと考えています。現実的には2倍，3倍のように比例して便益は増えないかもしれませんが，単純化の仮定と考えてください。増える倍率が減少していくような現実的なケースでも同じような分析ができます。

> **POINT6-3** 公共財供給の分析
>
> - 5人のプレイヤー（相談はできない）
> - 電灯の整備費（1灯あたり）10万円
> - 各個人の利得（1灯あたり）8万円
>   各個人が自分で1灯設置したときの1人あたりの利得
>   - 1人が1灯設置　8−10=−2万円
>   - 2人で2灯設置　16−10=6万円
>   - 3人で3灯設置　24−10=14万円
>   - 4人で4灯設置　32−10=22万円
>   - 5人で5灯設置　40−10=30万円

　便益の計算は少しわかりにくいので，POINT6-3で確認してください。誰か個人1人が自分で1灯を建て，他の人が電灯を建てないとき，建てた人の利益は8万円で，電灯の整備費10万円ですから，その人の利得は8−10で−2万円になります。電灯を建てていない人も同じ便益を受けるので，彼らの利得は8万円です。5人のうち誰か2人がそれぞれ1灯を建てると，合計で2灯設置されるので，2灯による利益は1人あたり16万円です。1灯の建設費は10万円ですから，この場合の建設に参加した人の1人あたりの利得は16−10=6万円になります。参加していない人の利得は16万円です。

　3人が1人ずつ電灯を建てると，3灯建つので，1人あたり便益は24万円です。1灯あたり10万円支払うので，参加した人1人あたりの利得は14万円で，参加していない人の利得は24万円です。同様に，4人が1灯ずつ建てると参加者1人あたりの利得は22万円，そのときの参加していな

い人の利益は32万円です。5人全員が1灯ずつ建てると，1人あたりの利得が30万円になります。このように，参加者が増えると，参加した人の1人あたりの利得も増加するのが公共財の特徴です。しかしながら，4人以下の参加者のときはフリーライダーが存在し，彼らは10万円の建設費を負担せずに公共財の利益を享受していることに注意してください。実はこれは囚人のジレンマに大変近い状況です。それを見てみましょう。

このゲームは5人ゲームです。通常の利得行列で表すのは難しいので，次のBOX6-4で分析してみましょう。

BOX6-4　賛成者が負担する5人ゲーム

他の賛成者数	0	1	2	3	4
反対	0	8	16	24	32
賛成	-2	6	14	22	30

これは建設に賛成した人が電灯を建設し，自分でその費用を負担する5人ゲームです。賛成した人の利得は下段ですが，他の賛成者の数に応じて，先ほどの計算と同じ利得が書かれています。自分以外に4人の人がいるので，その中の賛成者の数は0から4です。たとえば他の賛成者が2人いるとき，賛成者の合計は3人になるので，賛成者の利得は各自14万円です。他のケースも同じように計算できます。

建設に反対すると，フリーライドができます。中段は反対者の利得です。他の賛成者が2人いるとき，自分が反対すると，8×2=16万円の利益を得て支出する必要がないので，その16万円が利得になります。他の賛成者の数は0から4ですので，それに応じて，0，8，16，24，32万円の利得を得ることになります。

● 5人ゲームの支配戦略とパレート最適

　このような表を作ると，容易に支配戦略が計算できます。中段と下段を比べると，他の賛成者が何人であっても常に中段の利得が大きいことがわかります。これは，中段の戦略が支配戦略であることを示しています。誰にとっても，フリーライドすることが得になるわけです。全員の支配戦略が「反対」ですから，その結果生ずる支配戦略均衡は（反対，反対，反対，反対，反対）です。したがって建てられる電灯は0本となり全員0の利得を得るという悲しい結果になります。

　ところがパレート最適な結果は違います。たとえば全員賛成すれば，全員30万円の利得があることがわかります。当然，全員にとって，0より30万円の方がよいわけですから，（反対，反対，反対，反対，反対）という支配戦略均衡は（賛成，賛成，賛成，賛成，賛成）という戦略の組にパレート支配されます。全員，後者の方がよいわけです。そしてこの（賛成，賛成，賛成，賛成，賛成）はパレート最適になっています。この構造は何かに似ていませんか？　そうです，2人ゲームの囚人のジレンマによく似ています。

　囚人のジレンマの重要な構造は支配戦略がパレート最適でないことでした。この5人ゲームも同じ構造を持っているので，多人数囚人のジレンマとか社会的ジレンマと呼ばれています。全員賛成というのは非常によい状態に思えますが，ナッシュ均衡ではないので，誰もが「反対」にまわり，フリーライドして自分だけ得をしたいという誘因があります。ですから，うまく公共財が供給できるかわかりません。これは多人数の公共財供給における典型的な問題です。

　ちなみに，他にもパレート最適な戦略の組はあるかというと，すべて調べるのは結構厄介です。たとえば（反対，賛成，賛成，賛成，賛成）というのもパレート最適です。1番目の「反対」プレイヤーが最大の利得32を得ているので，その人にこれを上回る利得を与えることができません。もちろん，賛成4名，反対1名という状況はすべてパレート最適です。

　次に，たとえば（反対，反対，賛成，賛成，賛成）を考えるとそのときの

利得は，電灯が3本建つので（24, 24, 14, 14, 14）となります。全員賛成のときの利得（30, 30, 30, 30, 30）に支配されているので，パレート最適ではありません。もちろん，賛成3名，反対2名という状況はすべてパレート最適ではありません。

この他のケースとしては賛成2名，反対3名という状況，賛成1名，反対4名という状況がありますが，いずれもパレート最適ではありません。皆さん自らチェックしてみてください。

このように，社会的ジレンマと公共財供給問題は密接に関係しています。供給のルールを変更すれば解決できるかもしれませんが，そのルールを個人の持つ情報にだけ依存して作るのはなかなかうまくいきません。少なくとも，自発的に賛成した人が電灯を建設するというルールは失敗に終わる可能性が高いといえます。

最後にこの問題の原因として第3章で述べた経済の外部性についてふれておきましょう。ここで扱った電灯は正の外部性がある財といえます。普通の私的財は，自分が財を購入して消費することと他の人が財を購入して消費することは関係ないのですが，この電灯のような財は，ある人が購入して消費（電灯を建設してそのサービスを消費すること）すれば，他の人もその便益を受けます。ある人の財の購入が，他の人にプラスの効果を与えるわけです。このような性質を持つ財は個人の自由な意思決定に任せると，社会的に最適なレベルまで供給されないということが知られています。まさに，この電灯のケースではゼロ供給でした。本来，皆のために大変役に建つ財でありながら，その外部性のために，供給されないというのは大変残念ですが，解決すべき重要な問題であり，ゲーム理論がその分析に一役買うことができたわけです。

6.3 囚人のジレンマの解決

●繰り返しゲームの展開形による分析

さて，社会的なジレンマあるいは囚人のジレンマは解決できないのでしょうか。構造を変えるという話と繰り返しによる解決をすでに第2章で説明しましたが，ここでは繰り返しによる解決策の難しさを第4章のサブゲーム完全均衡点の話を用いて，もう少し詳しく説明しましょう。5人のケースだとかなり煩雑ですので2人のケースに戻って考えましょう。ここで，2人の例というのは先程の電灯建設の5人ゲームをBOX6-5のように2人に縮小したゲームです。2つの表現で書かれていますが，全く同じゲームです。このゲームも囚人のジレンマであり，それを繰り返すということを考えます。

BOX6-5　賛成者が負担する2人ゲーム

他の賛成者数	0	1
反対 D	0	8
賛成 C	−2	6

A＼B	反対 D	賛成 C
反対 D	0, 0	8, −2
賛成 C	−2, 8	3, 3

この繰り返しゲームはプレイヤーAとBによるBOX6-6のような展開形ゲームで表現することができます。ただし，ここでは1回目だけを表現しており，何回繰り返すかは明示されていません。最初にAさんとBさんは同時に反対Dか賛成Cを選択します。DDの場合は（0, 0），CCであれば（6, 6）で，DCなら（8, −2），CDなら（−2, 8）という利得が得られますが，これはゲーム1回分の利得で，これが，繰り返しの回数に応じて，何回も足し合わされるわけです。

重要なことは，1ラウンドのゲームが終わると，2人はその回に取られた行動とその結果生ずる利得を知ることができるということです。たとえば，

BOX6-6 繰り返しゲームでの解決

```
                    反対 D  ( 0,  0)
              B
       反対 D
              賛成 C  ( 8, -2)
  A
       賛成 C
              反対 D  (-2,  8)

              賛成 C  ( 6,  6)
```

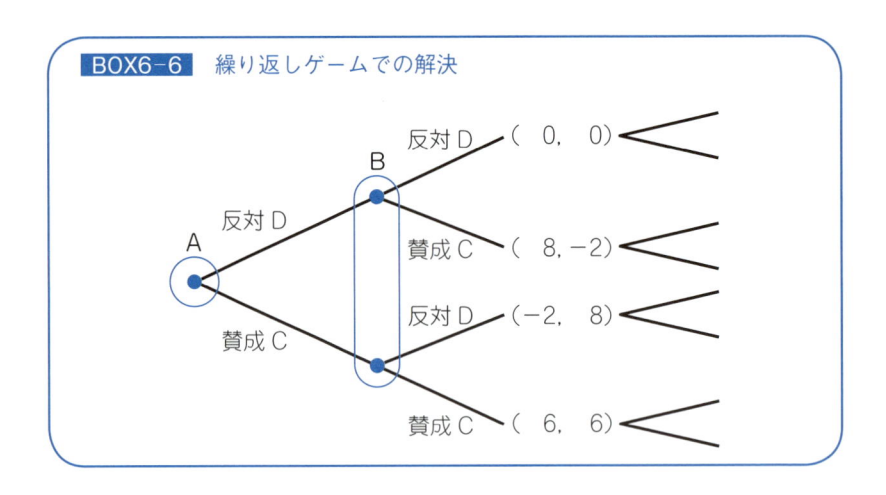

　一番上の手番から開始されるサブゲームでは，次の回の開始前に，2人ともDDを取り結果（0, 0）を得たということがわかります。このような，過去の情報を基に，次の回の意思決定をするのが繰り返しゲームです。

● 繰り返しゲームにおける戦略

　繰り返しゲームの完全な分析は大変難しいです。どの程度難しいかというと，読者の皆さんの想像を超えた難しさだと思います。まず戦略の数を勘定してみましょう。戦略というのは将来にわたる行動の計画のことでした。すべての情報集合において，何を取るかを綿密に計画したもの，それが戦略です。

　各プレイヤーが1回目に取ることのできるのはCかDで，2回目にできる行動もやはりCかDです。しかしながら，計画しなければならないことは，前の回の情報に基づいて取る行動です。すなわち，CCのときCかDか，CDのときCかDか，DCのときCかDか，DDのときCかDかということを計画しなければなりません。これが戦略です。情報に基づいて取る行動を変更できることに注意してください。前の回に相手は「反対」を取ったので，自分も今回は「反対」を取ろう，というような行動が可能になります。

　この2回繰り返しゲームにおいて，プレイヤーAの戦略はいくつあるで

しょうか。1回目の結果は4通りあるので，Aの手番は第1ラウンドに1つ，第2ラウンドに4つあるので，合計すると情報集合の数は5個です。5つの手番で，それぞれ2通りの選択肢があるので，2×2×2×2×2，2の5乗個の選択肢の組み合わせがあります。すなわち，32通りの戦略があるわけです。

3回繰り返したらどうなるでしょうか。3回繰り返すということは，3回目には前2回に何が起こったかわかります。前2回に起こりうる結果は16通りあります。すなわち，この回の手番は16か所あります。それと1回目と2回目の計5個の手番を合わせると，総計21か所となります。そうすると，戦略の数は2の21乗個になります。それはおおよそ，2,100万ぐらいの数になります。AとBの双方がそれだけの戦略をもつことになります。

POINT6-4 繰り返しゲームの戦略

- 1回目　　CかD
- 2回目　　CC→CかD　　　CD→CかD
　　　　　　DC→CかD　　　DD→CかD
- 3回目　　CCCC→CかD　　CCCD→CかD
　　　　　　CCDC→CかD　　CCDD→CかD
　　　　　　……　　　　　　DDDD→CかD

したがって，戦略には通常の想定を超える多様な可能性が含まれています。実はこの中には，到達しない手番もあります。1回目でCを取ると，2回目でDDのときの手番は到達しません。したがってここでの選択は利得を変えません。しかしながら，戦略としては考慮しなければならないのは今までの議論と同じです。

● サブゲーム完全均衡点

このように，数多くの戦略から最適なものを見つけ出さなければなりませ

ん。それでは，この 3 回繰り返しゲームにおいて，サブゲーム完全均衡点を逆向き帰納法で求めてみましょう。

 3 回目のゲームというのは，16 個あるわけです。その 16 個ある 3 回目のゲームで，C を取るか，D を取るかというと，その回の利得はつけ加えられるだけでしかも，その後の回はないので，過去の状況に関係なく D を取った方が有利です。すなわち，どの手番でも DD となるのが支配戦略均衡であり，同時に唯一のナッシュ均衡です。

 これを前提とすると 2 回目のゲームについてもすぐに解けます。3 回目の結果はすべて同じですから，単に 2 回目の利得だけを考えればよいわけです。したがって 3 回目のゲームと事情は同じで，1 回目の状況に関係なく DD となるのが，いずれのサブゲームにおいても支配戦略均衡であり，唯一のナッシュ均衡です。最後に 1 回目のゲームを考えると，どのように選択しても，2, 3 回目の結果は変わらないので，やはり，D を取るのが支配戦略です。このようにして，サブゲーム完全均衡点を求めることができました。それは，すべての手番で D を取るというものです。これは同時にサブゲーム完全支配戦略均衡点であることも注意しておきます。

 このように考えると，ゲームの繰り返しがいかに多くても，有限回であれば，逆向き帰納法で必ず解くことができます。その結果はやはり，すべての手番で D を取るということになります。したがって繰り返しの結果，C が達成するとはいえません。C を達成させるためには，最終回がなく，逆向き帰納法が使えないことが必要です。すなわち，ゲームが有限回で終了してはいけません。ゲームが無限に続く場合に，どのように利得や戦略を定義するかは難しく，本書の範囲を超えるのですが，その場合には，すべての手番において C を取るという戦略もサブゲーム完全均衡点となることが知られています。ここまで拡張すれば，囚人のジレンマを解決することができます。同じ方法で社会的ジレンマの解決の議論をすることもできます。繰り返しゲームの詳細については，たとえば岡田（2011）を参照してください。

第 7 章
協力ゲームのコア（非分割財の分析）

　本章のテーマは，非分割財の売買です。私たちの身近で 1 個の商品を購入するか否かと考えることはよくあります。ここで考えるのは，1 個の商品の購入を判断するような取引の問題です。これを協力ゲームのコアという概念を使って分析することにします。

7.1　非分割財の売買

● 非分割財とは

　この章で扱うのは，非分割財の売買です。私たちの身近で車や大型家具など，1 台，1 個の単位で買うものはたくさんあります。車やタンスを 2 台あるいは 2 つ買う人はいるかもしれませんが，車を 10 台買うか 20 台買うかと考える個人消費者はほとんどいません。パソコンなどもそうです。パソコンの購入を検討するとき，1 台を買うか買わないかという判断をしており，5 台買うか 6 台買うかという検討をすることは，ほとんどないはずです。このように，通常，1 台，1 個を購入するかどうかの判断をするような財は非分割財と呼ばれます。（数台の購入判断をするようなケースも非分割財とよぶ場合もありますが，その場合も，1 台ずつの購入判断を基礎としています。）

　これから，この問題を協力ゲームで分析するのですが，まず，取引に関わった皆が納得するような分配は何かという話をします。この話はパレート支配やパレート最適性と関係しますが，その考え方をさまざまなプレイヤーの

グループに適用します。公平であるような分配は何か，そういった分配案が交渉に関して安定であるか，不満がないか，という議論をしていきます。いいかえると，交渉の帰結の考察です。それは安定的な協力の構造の話にもつながっていきます。

　はじめの登場人物は3人です。3人の場合は，2人が協力すると，残された1人は，自分の利得と自分にとって可能な行動について考える必要があります。それがまさに協力ゲームの理論的考察の出発点です。

●3人の利得分配ゲームの例

　3人ゲームの例から始めましょう。3人で15万円のお金を分けるときはどうしたらいいでしょうか。たとえば，大学祭で3人が協力して店を出すと15万円もうかるとしましょう。しかし，もし2人だったら小さな店の出店となり9万円のもうけになるとしましょう。1人だったら，どこか別のアルバイトをして2万円稼げるとしましょう。すなわち，1人だと2万円稼げる。2人だと9万円稼げる。3人だと15万円稼げるという状況です。このケースにおいて，3人協力して出店したときのみんなが納得のいく分配はどういうものかということを考えていきます。

　15万円を1人あたり5万円として3人で分けることは，皆が納得する自然な分け方のような気がします。これを考察しましょう。

POINT7-1　15万円を3人で分ける納得のいく分配

- 1人あたり5万円の分配（パレート最適な均等分配）の考察
- 2人で9万円稼げるとき
  - 1人で稼げる2万円より多い
  - 2人で稼げる9万円より多い
- 2人で12万円稼げるとき
  - 2人で稼げる12万円より少ない → 2人が不満を持つ

1人で稼ぐ2万円よりも多くもらえるので，納得できそうです。2人で9万円稼げるという条件からいっても，1人で5万円もらえば，2人合わせて10万円の方が多いので納得すると思われます。この意味で，15万円を3人で5万円ずつ分けることは問題なさそうです。

　ここで，状況が変わり，2人で出店すると12万円稼ぐことができる場合はどうか考えてください。3人で15万円もらうことは，2人で出店して，残りの1人がアルバイトに行く状況での合計獲得額12＋2＝14万円より多いので，3人で出店する状況は全員にとってよいはずです。実際，3人で15万円を分けることだけがパレート最適な分配になります。そして，1人あたり5万円ずつ分けるのはパレート最適な自然な分け方です。このとき，2人で12万円稼げるので，協力してその12万円をもらった方が得です。なぜなら，2人で獲得した12万円を半々に分ければ，1人あたり6万円ずつもらえるからです。ですから，このケースでは，パレート最適な均等分配には2人は不満を持ち，その分配はあまりうまくいかないかもしれません。こういった分け方の問題をもっと厳密に分析していくのが本章の目的です。

●非分割財の3人での売買

　さて，実際に具体的な例で考えることにしましょう。Aさんが中古の高性能ノートパソコンを売りたいとします。Aさんはそれを5万円で誰かに売りたいと考えています。ここで，売る値段のことを少し厳密に考えてみましょう。「5万円で売りたい」ということはどういうことでしょう。

　たとえばヤフーオークションなどで商品を売ることを考えるとき，1,000円で売りたい，3万円で売りたい，5万円で売りたいというような**売値**を考えます。それは，もっと正確にいうと，「その値段以上で商品を売りたい」という価格です。このような売値は**評価**あるいは**評価値**と考えることができます。

　売り手の評価値は，その金額よりも高ければ売ってもいい，安ければ売らないという金額です。もちろん，実際の**取引価格**は高ければ高いほど得をし

ます．この意味で，評価値は，売ってもよいという最低の金額になっているはずです．ですから，この評価値より取引価格が下回ると損をし，取引価格が上回ると得をすると考えられます．評価値と取引価格が一致すると，利益はゼロ，すなわち，売っても売らなくても一緒の状態になると考えます．

　5万円の評価値のパソコンを，5万円以上で売りたいと考えたとき，8万円で売れば，3万円得をすると考えます．3万円で売ってしまったら，2万円損をしたということになるわけです．5万円で売ったらプラスマイナスゼロで，損も得もしません．この点，皆さんが「5万円で売りたい」というときの感覚と少し違うということを認識してください．そのときは5万円で売ればもうかると感じているかもしれないからです．もう少し言い方を変えれば，この評価値をパソコンの仕入れ値と考えればよいかもしれません．さまざまなコストを含めて5万円でパソコンを仕入れたとき，売ってもよい最低の値段が5万円ということです．このような意味で，この評価値のことを売り手の留保価格ということもあります．供給価格といっても同じ意味になります．

　商品を売買するときに，こういう評価値を売り手は心の中で持っているとします．一方，2人いる買い手BとCも評価値を持っています．それが2人とも15万円だったとしましょう．この評価値は買値すなわち買いたいと思う値段ですが，これも，その値段15万円で商品を買ったら損得なしです．買い手ですから15万円よりできるだけ安く買いたいと考えています．たとえば10万円で買えれば5万円得だし，8万円で買えれば7万円の得になります．一方，20万円で買ったら5万円の損になります．評価値と取引価格の差額が自分のもうけとなるのは売り手と同じです．この評価値のことを買い手の留保価格，需要価格ということがあります．

　このように，このゲームには，A，B，Cの3人の登場人物，すなわち，プレイヤーがいます．Aは売り手で，BとCは買い手です．この3人の交渉の結果がどうなるかということを考えます．

● 交渉の仕組み

この分析を表す方法はいくつかありますが，ここでは，最初の時点での利得分配状況を (0, 0, 0) で表します。これは A, B, C がそれぞれ，初期時点でどういう利得を持っているかということを表しており，取引前の状態では誰も利得がないことを表しています。そして，初期の状況からの増加分の利益を問題にして分析します。

実際には A さん，B さん，C さんとも，これとは別にお金を持っているはずです。100 万円持っているかもしれませんし，20 万円しか持っていないかもしれません。ここでの分析は，それを無視します。すなわち以下の分析では各人の最初の保有金額に関係しません。ただし，B と C はパソコンを買うだけの十分なお金を持っていると考えます。

BOX7-1　パソコンの売買

パソコンの売り手 A　評価 5 万円（供給価格）
　　　　買い手 B　評価 15 万円（需要価格）
　　　　買い手 C　評価 15 万円（需要価格）
初期の利得分配 (0, 0, 0)
取引価格 p：A → B　($p-5$, $15-p$, 0)

BOX7-1 を見てください。最下行に価格 p で，A さんが B さんに商品を売り渡すという取引を示しています。A は売り手で B は買い手です。A さんが B さんに価格 p 万円で売り渡した結果，**取引価格は p 万円になり，A さんの利得が $p-5$ 万円になります**。p 万円を手に入れた代わりに，5 万円と評価していたパソコンを手放したからです。一方，B さんは p 万円支払って，手に入れたものの価値は 15 万円ですので，$15-p$ 万円が B さんの利得になります。C さんはこの取引に関係ないので，利得ゼロのままです。すなわち，取引後の利得分配の状況は ($p-5$, $15-p$, 0) になりました。

たとえば A さんのパソコンの取引価格が 8 万円であれば，A は 3 万円得

をし，Bの方は15万円のものを8万円で手に入れたので7万円得します。

● 交渉の推移

　この結果，何が起こるかを考えていきましょう。Aさんは5万円より高い価格で商品を販売したがっているので，BさんがAさんにその商品を6万円で買いたいと申し込んだとしましょう。このとき，価格（取引価格）$p=6$ で，Aさんは1万円の利益を得ます。Bさんは，$15-6=9$ 万円の利益を得ます。この取引は，AさんとBさんの2人だけで実行できて，2人ともはじめの状態より大きな利得を得ています。AさんとBさんが2人で協力すなわち取引をすると，(1, 9, 0) という結果になります。ところが，交渉はここで終了しません。

　取引から除外されたCさんがいるので，Cさんは7万円で買いますというかもしれません。価格7万円で，CさんがAさんから商品を買うと，Aさんにとっては6万円より高く売れて，利益が上がります。Cさんも15万円と評価しているものを7万円で買えたのですから，8万円の利益が上がります。ということは，結果的にいうとAさんは1万円から2万円に利益が増え，Cさんはゼロから8万円になり，両者の取引により，2人とも利益が増加したことになります。ところが，これでは取引から外されたBさんは不満です。Bさんの利得はゼロになりました。すなわち，この時点での結果は (2, 0, 8) です。

　CさんとAさんの間で取引が行われて，2人ともよくなって終了というわけにはいきません。Bさんは，もっと高く買うとAさんに申し入れるでしょう。8万円で買うとするとBさんの利得は7万円になり，Aさんの利得も3万円に増えます。2人とも利益が増加します。ただし，先程取引に参加していたときのBさんの利益9万円より，減少していることに注意してください。Bさんの利得は減少していますが，取引から排除されるよりはましなので，このような価格の申し入れをします。その結果は (3, 7, 0) です。

> **BOX7-2　売買の推移**
>
> 初期の利得分配　（0, 0, 0）
> 取引価格 $p=6$：A → B　（1, 9, 0）
> 取引価格 $p=7$：A → C　（2, 0, 8）
> 取引価格 $p=8$：A → B　（3, 7, 0）
> 取引価格 $p=15$：A → B か C　（10, 0, 0）　コア

● 交渉の結果

さて，このような，価格交渉の申し入れはいつまで続くのでしょうか。ずっと続くと思われます。その結果，最後に何が起こるかというと，1 円単位での交渉が進み最後には A さんは 15 万円で，B に売るか C に売るかどちらかになるはずです。このとき，A さんは 15－5＝10 万円の利益を得て，他の 2 人は，購入した人もしない人も同じく利得ゼロになります。

それはなぜでしょうか。どちらかが少しでも 15 万円より低い価格を提示していれば，もう一方がそれよりも 15 万円に近い価格を提示できるはずです。（このとき，厳密にいうと，一方が 14 万 9,999 円という価格を提示すると他方は 15 万円という値段に上げるしかないので，利得ゼロになってしまいます。そのような行動をする積極的な理由がないので，15 万円の一歩手前で，交渉はストップするかもしれません。しかし，もし，銀行での取引のように，いくらでも細かい単位での取引ができるとしたら，価格交渉はストップしないで，15 万円にどんどん近づくと考えられます。）

A さんが 15 万円でどちらかに売って，他の 2 人ともゼロというのは不思議な結果に見えるかもしれません。というのは 15 万円で購入して，自分の利得がゼロになるという申し入れが意味のないもののように思えるからです。

これは，このように考えます。それ以外の状況が起こった時，先にお話ししたように，交渉はどんどん続きます。すなわち交渉の帰結になりません。

しかし，BさんあるいはCさんが15万円で商品を購入している状況を考えると，そこから，全く交渉は進まず，ここで必ずストップします。この意味でこれは唯一の交渉がストップする状況といっても構いません。

もしかすると，BさんもCさんもどこか途中で交渉がストップすればよいと考えるかもしれません。しかも，Aさんはどちらかと取引しなければ，利益を得ることができません。しかし，BさんもCさんも自分が取引から排除される恐怖から交渉がストップしないと考えられます。BとCの2人ともがゼロ利得を得るという状況は，非常に不公平に見えると思います。しかしながら，これが唯一の交渉の帰結と考えられます。BとCの関係は少し囚人のジレンマに似ています。

●交渉の帰結としてのゲームのコア

このような交渉の帰結は，ゲーム理論の言葉では「コア」と呼んでいます。それを，もう少しきちんと定式化しましょう。3人の交渉のストーリーでは買い手と売り手の2人のペアが重要でした。この協力するペアがいて，元の状況より，2人がより高い利得を得るとき，すなわち状況を改善することが可能なとき，元の利得分配案を却下します。これはパレート最適性の話と似ているのですが，グループ全員で分配案を却下しているのではないことに注意してください。

ここでは，誰かが何か提案をすると，あるグループがそれに対して，その提案を却下するような別の提案をしています。そういうことを繰り返す交渉をしていると考えます。グループで却下するためには，まず，自分たちでその分配を実現できなければなりません。売り手と買い手が取引するというのは，そのペアで実現可能です。さらに，そのとき，元の提案よりグループの全員の利得が大きくなるので，元の提案を却下することができます。コアというのはそのプロセスの積み重ねを考え，そのような却下の交渉がストップする状況を表します。すなわち，どのようなグループにも却下されない提案，それがコアです。他の提案を却下するものではなく，他の提案に却下されな

> **BOX7-2** 売買の推移
>
> 初期の利得分配　(0, 0, 0)
> 取引価格 $p=6$：A → B　(1, 9, 0)
> 取引価格 $p=7$：A → C　(2, 0, 8)
> 取引価格 $p=8$：A → B　(3, 7, 0)
> 取引価格 $p=15$：A → B か C　(10, 0, 0)　コア

● 交渉の結果

　さて，このような，価格交渉の申し入れはいつまで続くのでしょうか。ずっと続くと思われます。その結果，最後に何が起こるかというと，1円単位での交渉が進み最後にはAさんは15万円で，Bに売るかCに売るかどちらかになるはずです。このとき，Aさんは15−5＝10万円の利益を得て，他の2人は，購入した人もしない人も同じく利得ゼロになります。

　それはなぜでしょうか。どちらかが少しでも15万円より低い価格を提示していれば，もう一方がそれよりも15万円に近い価格を提示できるはずです。(このとき，厳密にいうと，一方が14万9,999円という価格を提示すると他方は15万円という値段に上げるしかないので，利得ゼロになってしまいます。そのような行動をする積極的な理由がないので，15万円の一歩手前で，交渉はストップするかもしれません。しかし，もし，銀行での取引のように，いくらでも細かい単位での取引ができるとしたら，価格交渉はストップしないで，15万円にどんどん近づくと考えられます。)

　Aさんが15万円でどちらかに売って，他の2人ともゼロというのは不思議な結果に見えるかもしれません。というのは15万円で購入して，自分の利得がゼロになるという申し入れが意味のないもののように思えるからです。

　これは，このように考えます。それ以外の状況が起こった時，先にお話ししたように，交渉はどんどん続きます。すなわち交渉の帰結になりません。

しかし，BさんあるいはCさんが15万円で商品を購入している状況を考えると，そこから，全く交渉は進まず，ここで必ずストップします。この意味でこれは唯一の交渉がストップする状況といっても構いません。

　もしかすると，BさんもCさんもどこか途中で交渉がストップすればよいと考えるかもしれません。しかも，Aさんはどちらかと取引しなければ，利益を得ることができません。しかし，BさんもCさんも自分が取引から排除される恐怖から交渉がストップしないと考えられます。BとCの2人ともがゼロ利得を得るという状況は，非常に不公平に見えると思います。しかしながら，これが唯一の交渉の帰結と考えられます。BとCの関係は少し囚人のジレンマに似ています。

● 交渉の帰結としてのゲームのコア

　このような交渉の帰結は，ゲーム理論の言葉では「コア」と呼んでいます。それを，もう少しきちんと定式化しましょう。3人の交渉のストーリーでは買い手と売り手の2人のペアが重要でした。この協力するペアがいて，元の状況より，2人がより高い利得を得るとき，すなわち状況を改善することが可能なとき，元の利得分配案を却下します。これはパレート最適性の話と似ているのですが，グループ全員で分配案を却下しているのではないことに注意してください。

　ここでは，誰かが何か提案をすると，あるグループがそれに対して，その提案を却下するような別の提案をしています。そういうことを繰り返す交渉をしていると考えます。グループで却下するためには，まず，自分たちでその分配を実現できなければなりません。売り手と買い手が取引するというのは，そのペアで実現可能です。さらに，そのとき，元の提案よりグループの全員の利得が大きくなるので，元の提案を却下することができます。コアというのはそのプロセスの積み重ねを考え，そのような却下の交渉がストップする状況を表します。すなわち，どのようなグループにも却下されない提案，それがコアです。他の提案を却下するものではなく，他の提案に却下されな

いものであることに注意してください。実はすべての他の提案を却下するものというのは通常，存在しません。他のどの提案にも却下されないものは存在する場合も存在しない場合もあります。

　ここで，一点注意があります。グループのメンバー全員がよくなるというときに，パレート支配のときと同様，弱い意味でよくなる場合と強い意味でよくなる場合があるので区別しなければなりません。後者，すなわち全員が強い意味でよくなるというのは，メンバー全員の利得が厳密に大きくなることです。ゲーム理論ではこのようなケースをよく考えます。これを新たな分配案が元の分配案を強支配するといいます。一方，少なくとも1人が厳密に高い利得を得て，他のメンバーは元の状況と同じかよくなる場合は，弱い意味での支配で，新たな分配が元の分配を弱支配するといいます。メンバー全員が100人だったとして，1人だけ厳密によくなって，他の99人は状況が変わらないケースでも，新しい提案がよいと考えるのが弱支配で，100人全員がよくならなければならないと考えるのが強支配です。もちろん前者の方が強い考え方です。ゲーム理論では，この却下に関する議論を，強い意味の支配関係で考えます。この章では，分配案の支配は強支配のことを意味するとします。

POINT7-2　ゲームのコア

- 売り手と買い手が2人ともよくなるとき（改善可能なとき），元の利得分配は却下される
- グループを作り，もっとよくならないか新たな分配を検討
    (1) グループでその分配が実現可能
    (2) グループの全員が元の分配よりよくなる
- どのグループにも却下されない（改善可能でない）分配案の集合→コア

● 交渉プロセスのコアによる説明

　この章の交渉プロセスがコアの考え方で説明できるか検討してみましょう。実は，最終的な利得分配（10, 0, 0）のみがコアです。それ以外の分配はコアになっていません。すなわち，それ以外の分配は皆，他の分配に支配されます。たとえば分配案（2, 0, 8）は他の分配に支配されます。どうしてかというと，この取引はAがCに7万円で売るというものでしたが，それはAがBに8万円で売るという分配案（3, 7, 0）に支配されます。他の分配，たとえば（8, 2, 0）も分配（9, 0, 1）に支配されます。読者の皆さんは自分で他の分配についても検討していただきたいと思います。

　一方，（10, 0, 0）だけは他の分配に支配されません。これよりも2人とも利得を大きくする利得分配はありません。これでは，Bさん，Cさんとも不満ですので，それを却下するために，それを支配する利得分配を見つけたいのですが，そのような分配はありません。それは，Bだけあるいは Cだけ，あるいはBとCが協力しても，実現可能な利得は0だからです。ですから，Aの協力なしに（10, 0, 0）を支配する配分の可能性を考えることはできませんが，Aはすでに10を得ているので，これ以上の利得をAに与えることはできません。したがって，これがただ1つのコアになるというわけです。

　ここで紹介したのは非常にシビアな交渉の考え方で，少しでも利益が生まれれば，いまの相手とは関係を絶ち，新たな相手と協力していくという考え方です。その結果の到達点がコアというわけです。

● 協力ゲームとゲームのコア

　ここで扱うゲームは協力ゲームと呼ばれます。それでは，協力ゲームの定式化とコアの分析をまとめておきましょう。ここでは，各グループ（提携と呼びます）がどのくらいの利得を得られるかを出発点として，そのもとで，他の分配に支配されない利得分配を探します。

　先ほどのパソコンの売買の問題では，プレイヤーA, B, Cがいて，3人

で得られる利得の合計は10万円でした．すなわち，この状況では10万円の利益を3人で分ける問題と同じと考えることができます．なぜなら，Aが可能なことは，BかCに売ることですが，いずれにせよ，取引に参加した2人は合計10万円の利得を獲得し，他の1人はゼロになるからです．3人の利得の合計は常に10万円になります．したがって，この協力ゲームは3人で利得10万円を分ける問題と考えることができます．

　3人で利得を分けるということは，たとえばAがBに商品を売った場合に，取引に参加していないCにもお金がわたる可能性を含んでいます．これはたとえば，Bが，Cにお金を払い，交渉に参加しないようにお願いすることに対応しています．このような交渉におけるコミュニケーションが許されているのが協力ゲームの特徴です．さらにAとBとCの協力関係を提携と呼び，AとBとCで獲得可能な利得の合計値を提携A–B–C（提携ABCと記します）の提携値と呼びます．この提携という言葉は，ゲーム理論でグループを組み協力することを表しています．業務提携などの語に使う提携と考えてください．

　前述したように，2人で獲得する利得は，AとBで10万円，AとCで10万円となるので，これらが，2つの提携ABとACの提携値です．それ以外の提携BCおよび個人A，B，Cの獲得可能な利得はゼロとなるのでこれらが提携値となります．全員の提携（全体提携と呼びます）の提携値は利得の合計，すなわち10万円です．

　全体提携値10万円を3人で分ける分け方を利得分配，あるいは利得ベクトルと呼び，さらに各人が個人の提携値以上の利得を得ている場合，配分と呼びます．ここでは10万円を分ける分け方で全員が0以上の金額を受け取る場合が配分です．それらの間の支配関係を前節のように定義します．すなわち，ある提携によって，実現可能で，メンバー全員が元の利得分配より大きな利得を得るとき，その利得分配は元の利得分配を支配します．このとき，どのような利得分配にも支配されないような配分がコアとなり，この問題のコアは（10, 0, 0）ただ1つでした．

なお，コアは，正確にはこのような性質を満たす配分の集合です。したがって，(10, 0, 0) はコアに属するというべきですが，本書では簡単のために「コアである」という言い方を使っています。

7.2 コアと市場均衡

さて，このようなシビアな交渉の帰結は，実はスタンダードな経済学の理論と一致しています。コアは競争均衡，あるいは市場均衡と呼ばれているものとぴったり合致するので，その話をしましょう。

● 通常の財の市場均衡

消費者と生産者の間での財やサービスの取引の話として，経済学のテキストには必ず市場均衡が出てきます。それは商品の需要曲線と供給曲線の交わったところとして説明されます。そのときの価格が市場均衡価格であり，その価格の下で，需要量と供給量が一致する取引が行われます。

通常の分割可能な財の需要曲線，供給曲線の例を BOX7-3 に掲げました。ここで，横軸にその商品の需要量と供給量を取り，縦軸にその商品の価格を

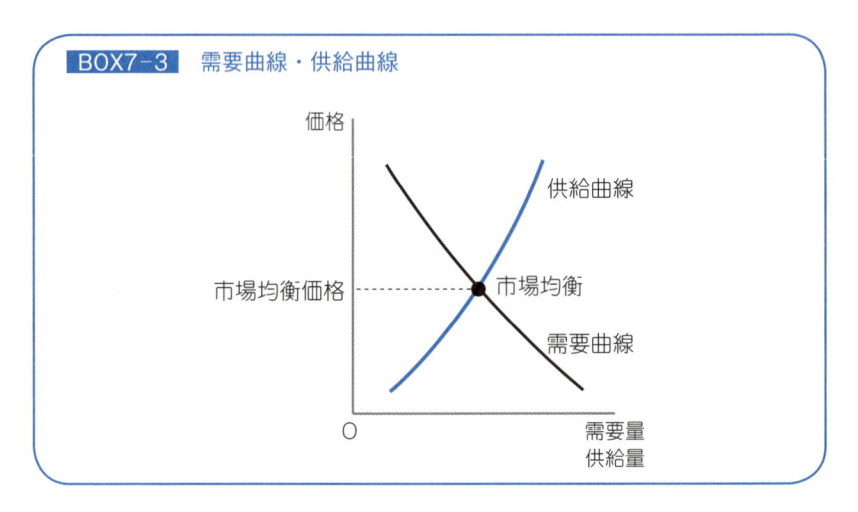

BOX7-3　需要曲線・供給曲線

取ります。両曲線の交わったところが市場均衡で，高校の政治経済の教科書にもこのようなグラフはよく掲載されています。

ところが，私たちが分析するのは 1 つの非分割財の取引なので，教科書的ではありません。通常財と同様に需要曲線と供給曲線を非分割財に対して考えてみましょう。縦軸に価格を取ります。価格が 1 つ定まるとそれに応じて，商品の需要量と供給量が定まります。

●非分割財の市場均衡

これは，次のような市場を想定しています。先ほどの A，B，C がいる市場を考えましょう。たとえば，市場の競り売り人がいて，価格 6 万円を提示したとします。そのとき，その価格 6 万円で売りたいという人は A 1 人です。すなわち供給量は 1 です。さらに，A は 5 万円以上で売りたいので，5 万円以上の価格に対する供給量は常に 1 になります。5 万円以下の価格に対する供給量はゼロです。ここで，価格 5 万円に対する供給量は，ゼロと 1 の両方であることに注意してください。これが供給曲線になります。

一方，価格 6 万円のときに B も C も購入したいわけですから，需要量は 2 です。このとき，需要が供給を上回っていることに注意してください。さらに，価格 15 万円以上では需要量はゼロ，価格 15 万円以下では需要量は 2 になります。ここで，価格 15 万円のときは，需要量は，ゼロ，1，2 のいずれも可能です。これが需要曲線となります。図で示すと BOX7-4 のようになります。青が供給曲線，黒が需要曲線です。

このとき，供給曲線と需要曲線が交わったところが市場均衡になります。そのときの価格（市場均衡価格）は 15 万円で，そのときの取引量（市場均衡取引量）は 1 になります。これはコアの結果と一致することに注意してください。

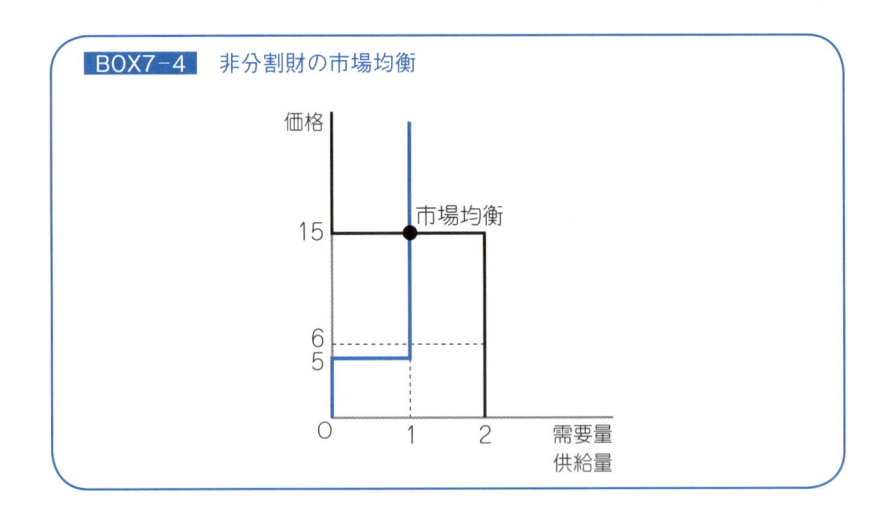

```
┌─────────────────────────────────────────────┐
│  BOX7-4   非分割財の市場均衡                  │
│                                              │
│           価格                               │
│                                              │
│                   市場均衡                    │
│           15 ━━━━━●                          │
│                                              │
│                                              │
│            6 ┄┄┄┄┄                          │
│            5 ━━━━━┐                          │
│                                              │
│            0     1    2    需要量            │
│                            供給量            │
└─────────────────────────────────────────────┘
```

　市場均衡はどのように解釈すればよいのでしょうか。BOX7-5 で説明しましょう。各価格に対する需要量と供給量が数字で書かれています。市場均衡より高い価格 $p>15$ では，供給量 1 が需要量 0 を上回っているので，競り売り人は価格を下げるでしょう。市場均衡より低い価格 $p<15$ では，需要量 2 が供給量 1 か 0 を上回っているので，競り売り人は価格を上げるでしょう。市場均衡における価格 $p=15$ のときのみ，需要と供給が一致することを確認してください。

```
┌─────────────────────────────────────────────┐
│  BOX7-5   市場均衡（競争均衡）                │
│                                              │
│   価格 p ＞ 15：需要量 0 ＜ 供給量 1（A）      │
│  ┃価格 p ＝ 15：需要量 0〜2 ＝ 供給量 1┃ ➡ 市場均衡（コアと一致） │
│   価格 p ＜ 15：需要量 2（B，C）＞ 供給量 1 か 0（A）│
└─────────────────────────────────────────────┘
```

　ここに表れた市場均衡は競争均衡とも呼ばれています。一般的に競争均衡はコアに含まれるという定理が経済学のテキストに紹介されているのですが，この非分割財のケースでは，この 2 つは一致しています。この一致は，こ

の種の非分割財市場において一般的に成り立つ興味深い事実です。非分割財市場の分析は通常のテキストレベルではあまりふれられていませんが，協力ゲームの標準的なテクニックによって分析可能になったわけです。

7.3　コアを計算で求める

● 3 人の利得分配ゲームのコア

それでは，本章のはじめの POINT7-1 の問題に戻って，コアがどのようになるかを考えてみましょう。3人で15万円を稼げるので，3人の提携値は15万円です。2人で9万円稼げるので，すべての2人提携の提携値は9万円，1人では2万円稼げるので，これが1人提携の提携値です。コアはどうなるでしょう。

まず，15万円を分けるようなすべての分け方がパレート最適になります。次に配分の支配関係を考えましょう。1人で2万円獲得するので，各人が2万円より少ない利得を得ることはありません。そのような分配はすべてAが2万円を得るような分配によって支配されてしまうからです。

たとえば（1，7，7）はパレート最適な分配です。しかし，この配分では，Aは自分だけで獲得可能な利得2万円と比べてそれ以下しか得られないので却下します。このとき，Aは（1，7，7）を改善可能といいます（POINT7-2 参照）。それでは（4，4，7）はどうでしょう。これもうまくいきません。AとBで協力して獲得可能な額は9万円ですから，2人の得ている額の合計8万円より大きいのでAとBで改善可能です。たとえば（4.5，4.5，6）はAとBだけで実現可能で，（4，4，7）を支配しています。

このように考えて，支配されない分配あるいは，どの提携でも改善できない分配があるか考えてみましょう。実際（5，5，5）はどの提携も改善できません。各人は2万円以上得ているので，1人提携で改善できません。どの2人提携も9万円以上得ているので，2人提携でも改善できません。パレート最適ですから全員で改善できません。すなわち，（5，5，5）はコア

になります。さらに，コアに属する配分は他にもあります。(4.5, 4.5, 6) もコアに属することを確認してください。

コアに属するか否かというのは，いろいろなグループを考えて，その配分を改善できる提携があるかどうかを考えます。どのようなグループを考えても，改善可能でない分配の集合がコアです。それでは，すべてのコアに属する分配を見つけるにはどうしたらよいのでしょうか。

● コアを不等式で求める

3人でもらえる金額を x_A, x_B, x_C としましょう。パレート最適性から3人のもらえる金額の合計は15です。すなわち，$x_A + x_B + x_C = 15$ が成り立ちます。各人は，それぞれ，提携値2以上もらわないと，1人で改善可能になってしまうので，$x_A \geq 2$, $x_B \geq 2$, $x_C \geq 2$ が成り立ちます。さらに2人提携の提携値は9ですから，2人提携で改善可能にならないために，$x_A + x_B \geq 9$, $x_A + x_C \geq 9$, $x_B + x_C \geq 9$ が成り立つ必要があります。これらの式は，$x_A + x_B + x_C = 15$ を利用すると，$x_C \leq 6$, $x_B \leq 6$, $x_A \leq 6$ に変形することができます。すなわち，$x_A + x_B + x_C = 15$ かつ，

$$2 \leq x_A \leq 6, \ 2 \leq x_B \leq 6, \ 2 \leq x_C \leq 6$$

を満たすすべての分配案 (x_A, x_B, x_C) はコアに属します。(実はもう少し計算すると $3 \leq x_A \leq 6$, $3 \leq x_B \leq 6$, $3 \leq x_C \leq 6$ であることがわかります。)

コアに属する分配案に対しては，どのグループも改善案を提案できないので，その意味で交渉に対して安定な利得分配案です。しかしながら，その中には (4, 5, 6) のような分配も含まれていることに注意してください。この場合，一番少ない利得のAは同じだけ働いているはずなのに，自分だけ4万円しかもらえないので，不満を持つと思います。しかし，Aはどのようなグループを作っても改善できないので，他の分配案に変更する提案ができません。ですからコアはこのような安定性を持っているのですが，それに対して不満を持つような人がいる可能性があるわけです。

●非分割財売買ゲームのコア

この章の最後に，A，B，Cの3人のパソコン売買の交渉で，Cの評価値が変わったケースを考えてみましょう。他の状況は変わらず，買い手Cの評価値が12万円になったとします。このとき，先程と異なるのは，AとCで獲得する利得すなわち提携値が$12-5=7$となることです。このときのコアを計算で求めてみましょう。まず，3人で獲得可能な利得は10でしたので，$x_A+x_B+x_C=10$となります。さらに，$x_A+x_B\geq 10$，$x_A+x_C\geq 7$，$x_A\geq 0$，$x_B\geq 0$，$x_C\geq 0$となります。ですから，$x_A+x_B+x_C=10$を用いて，

$$10-x_C=x_A+x_B\geq 10$$

より，$0\geq x_C$かつ$x_C\geq 0$ですから，$x_C=0$となります。それを用いると$x_A+x_B=10$かつ$10\geq x_A\geq 7$になります。この不等式を満たす，すべての分配がコアに属します。売り渡しの価格は$p=x_A+5$ですから，AさんはBさんに，12万円以上15万円以下で販売することになります。これは，買い手の間の競争が価格12万円以上でストップすることを表しています。ただし，12万円以上15万円以下のどの価格でストップするかは，わかりません。

これは市場均衡の話と一致するのでしょうか。BOX7-6を見てください。

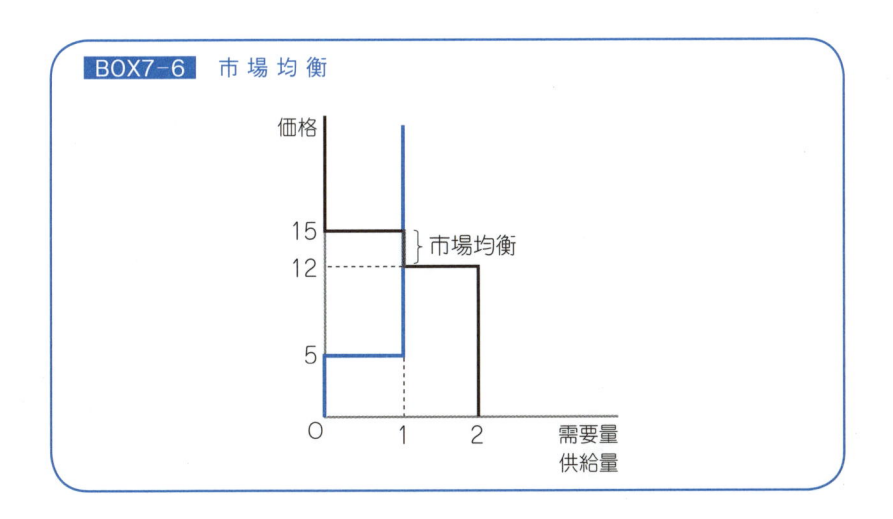

BOX7-6　市場均衡

7.3　コアを計算で求める

市場の需要曲線と供給曲線が描かれています。先程と異なるのは需要曲線で，価格が12万円より小さいときは需要量が2で同じですが，12万円以上15万円以下のときは需要量が1となります。すなわち，このとき，需要と供給が一致し市場均衡となり，コアと一致します。

　このように，コアを計算するよりも，市場均衡を計算する方が簡単な場合があります。したがって，市場均衡価格を求めてそれからコアを求めることもあります。

第8章
投票のパワー分析（シャープレイ値）

8.1 投票制度のモデル

●投票問題と投票のパワー

　協力ゲームの一つの重要な応用は投票の話です。投票の問題を協力ゲームの視点では「投票ゲーム」と呼びます。投票ゲームを扱う代表的な分析方法はシャープレイによるものです。このシャープレイは，第1章でも紹介したように協力ゲームのゲーム理論家で2012年にノーベル経済学賞を受賞しました。シャープレイが最初に分析した協力ゲームの解は現在ではシャープレイ値と呼ばれており，多くの研究者が盛んに研究を続けています。

　今回はこのシャープレイの方法により，投票という状況における個々の投票者のパワー（影響力）を分析します。投票という意思決定の方法は，国連，国会，地方議会，株主総会，学級会などさまざまな場面で使われています。たとえば，現在，国連の安全保障理事会の常任理事国を増やすべきか否かという議論がされていますが，現状の常任理事国のパワーがどのくらいであり，制度を変更すればどうなるかということを分析することができます。その投票者のパワーを数値化したものを投票力指数あるいはパワー指数と呼び，最大が1，最小が0となります。実際に，常任理事国のパワー指数を求めることにより，上記の分析が可能になります。

　また，現代の日本の国会においても，自民党，民主党，公明党，共産党などさまざまな政党がありますが，そういった党のパワーを計算することができます。これは各党の議会における影響力を評価していると考えることがで

きます。もちろん所属議員数が多ければ多いほど，パワーは大きいはずですが，必ずしも所属議員数に比例しているとは限りません。1票より2票の方が影響力は大きいはずですが，投票のパワーは2倍ではないかもしれません。このようなことを分析していきましょう。

たとえば各選挙区から1人しか選出することができない小選挙区の場合，人口のサイズで1票の重みを比較していますが，それはパワーに基づいた議論ではありません。一方，参議院では，2人選挙区とか4人選挙区とかさまざまな定数の選挙区があり，選ばれる人数を人口で割ったものを1票の重みの基準にしていますが，それがそのままパワーと考えられるのでしょうか。このような問題も関連したトピックです。

以下のパワー分析で使われる理論はシャープレイ値の考え方と直結していますので，本章はシャープレイ値のイントロダクションの役割もあります。それを最後の節で紹介しています。

●投票ルールと勝利提携

分析の方法として，協力ゲームを使うのは大変便利です。投票において，議案をコントロールすることができるグループを勝利グループとか勝利提携と呼びます。ここで，議案をコントロールするとは，たとえ自分たち以外のグループがその議案に反対したとしても，自分たちが賛成すれば，必ず議案を通すことができる，ということを意味しており，そのようなパワーを持ったグループが勝利提携です。このように提携を基にした分析となるので，協力ゲームによる分析が適しているわけです。

学級会や委員会などで意思決定するときによく使われる仕組みが，第5章でも扱った過半数多数決です。ある議案に対して，過半数の人がOKを出せば，その議案は通ります。すなわち，過半数多数決投票では，過半数の人数のいる，すべてのグループが勝利提携です。いま，A，B，Cの3人がいたとしましょう。このとき，A，B，Cの1人提携も含めて考えると全部で7個の提携がありますが，そのうち，ABC，AB，AC，BCの4つが勝利

提携です。ここで，AとBとCの提携をABCと書いていることに注意してください。

AとBが同じ案に投票すれば，必ず，その案を通すことができます。ひとまず，これは各人の持つ意見とは独立して考えてください。投票制度の分析とは，その制度のパフォーマンスを研究することです。ですから，どのような案が提案されるかは別の問題で，各提案ごとに投票者の意見はさまざまに分かれると考えられます。ですから，ここでは各提案に対する各人の持つ意見は考慮しません。

過半数多数決以外のもう一つの有名なルールは，全員一致ルールです。全員が一致したときにだけ議案が通るという投票制度です。この場合，3人のケースでは，3人グループABCのみが勝利提携です。

ここで，2つの全く別の勝利提携があるケースを考えてみましょう。この2つの勝利提携には共通に属する人がいないとします。もし，2つの別々な勝利提携が存在すると，片方の提携だけで議案をコントロールすることができないことは明らかです。議案の可否はもう一つの勝利提携の決定にも依存します。これは，議案をコントロールするという言葉と矛盾しています。すなわち，このような2つの別々な勝利提携は存在しません。ですから，ある投票制度において，たくさんの勝利提携があったとすると，どの2つの勝利提携についても，必ず，共通部分があります。過半数多数決も全員一致ルールもこの性質を満たします。

● 独裁者と拒否権プレイヤー

次に独裁者と拒否権プレイヤーという，投票における重要なプレイヤーを考えてみましょう。独裁とか拒否権を持つという用語はよく用いられますが，これをもっと厳密に説明してみましょう。

投票における独裁とは議案をその人1人の意思で左右できるということです。ですから，その人1人が勝利提携となります。この場合，Aが独裁者でしたら，Aだけで可決か否決かをどの議案についても決めてしまうこ

とができます．すなわち，A 1 人でも勝利できるし，AB でも勝利できます．AC も ABC も同様です．A が独裁者であるとは，3 人ゲームの場合，この 4 つが勝利提携になるということです．一般的にはあるプレイヤーが独裁者であるとは，そのプレイヤーを含むすべての提携が勝利提携であることです．このとき，独裁者は自分だけで議案をコントロールできるし，自分を除いた提携に議案をコントロールされることはありません．しかし，これは，投票ルールを自分の思い通りに変更できるということは意味していません．あくまでも議案に対する独裁者であることに注意してください．また，独裁者は 2 人以上いないことにも注意してください．

次に拒否権を持つプレイヤーを説明しましょう．拒否権プレイヤーとは，すべての勝利提携に必ず含まれている人です．たとえば，勝利提携が，AB と AC と ABC の 3 つだったとすると，このすべてに A が入っているので，A が拒否権を持っているわけです．

なぜ，すべての勝利提携に属する人が拒否権を持つというのでしょう．勝利提携では，そのメンバーの意見が一致すれば，議案を通すことができるわけです．ですから，この場合，A の同意がなければ，議案は通らないわけです．その意味で拒否権を持つといっています．

先ほど説明したように独裁者はすべての勝利提携に属しているので，独裁者は拒否権を持ちます．それでは，独裁者と拒否権プレイヤーはどこが違うのでしょうか．端的にいうと，拒否権プレイヤー 1 人だけで，勝利提携になるとは限りません．もし，拒否権プレイヤーが 1 人だけで勝利提携になるのであれば，それは独裁者になります．

●拒否権プレイヤーのいるゲーム

A が拒否権を持つような 3 人ゲームはたくさんあります．たとえば勝利提携が ABC ただ 1 つだけであったら，すなわち，全員一致ルールのとき，A が反対すると議案は通らないので，A は当然，拒否権を持ちます．そして，同時に B も C も拒否権を持っています．すなわち，全員一致ルールと

いうのは，AもBもCも全員が拒否権を持っているルールということができます。

Aが拒否権を持つゲームの中には，この他にもAとBの両者が拒否権を持つゲームとか，AとCの両者が拒否権を持つゲームなどがあります。AとBが拒否権をもち，Cが拒否権を持たないゲームでは，勝利提携はABとABCになります。

過半数多数決には拒否権プレイヤーはいるでしょうか。たとえば3人過半数多数決ゲームではAB，AC，BCは勝利提携になりますが，これらすべてに含まれている人はいません。これは3人以上のゲームで一般的に成り立ちます。過半数多数決ゲームの特徴の一つは拒否権プレイヤーがいないことです。

本節の勝利提携をまとめると次のようになります。

POINT8-1 3人ゲームの勝利提携

- 過半数多数決
  - ABC AB AC BC が勝利提携
- 全員一致
  - ABC が勝利提携
- Aが独裁者
  - ABC AB AC A が勝利提携
- Aだけが拒否権を持つ
  - ABC AB AC が勝利提携

8.2 投票のパワー分析

● 投票ゲームのピボット

さて，それでは，どのように投票のパワーを考えるか議会を例として，説

明しましょう．議会に提案される議案には，さまざまなものがあります．それぞれの議案に対する議員のパワーは異なります．そこで，ここでは，多種多様な議案が提案される場合のその議員の平均的パワーを考えることにします．一つの議案に対して，順番に賛成票を投じていくことを考えます．賛成票が，だんだんと積み重なっていき，ある票数を超えると，議案は可決されることになります．そのとき，議案が否決から可決に代わるときに投票したプレイヤーを ピボット といいます．ピボットは投票において重要な役割を持つと考えるのが自然です．ここでは，賛成票という形で説明しましたが，順番に票を投じると考え，集まった票を数えるだけで，ピボットを求めることができます．

別の形でピボットを説明しましょう．初めは全員が議案に反対であるとします．そのとき，議案は否決されています．それから順番に，議案に対する支持の強い人から，反対を賛成に変更していくとします．そうすると，反対票の総数が徐々に減り，賛成票の総数が徐々に増えていくでしょう．そうしていくと，ある人が反対から賛成に意見を変えたときに，議案が否決から可決に変わる瞬間があります．そのとき，議案を可決にしたプレイヤーがピボットです．

よく，キャスティングボートを握ると言いますが，ピボットプレイヤーは順番に投票したときにこのキャスティングボートを握る人です．議案を強く支持する人と全く支持しない人ではなく，その中間にいる人がキャスティングボートをもち，議案の可否を左右するようなパワーを持つことが多いでしょう．それをピボットと呼ぶわけです．

投票ゲームによっては，常に1人1票とは限りません．株主総会における議決においては，1株につき1個の議決権があるので，株主は持ち株の比率に従って票を持ちます．また，各政党の所属議員が党の合意に従って投票するとき，1人1人の投票はあまり意味を持たないので政党をプレイヤーと考え，各プレイヤーが多くの票を持つと考えることもできます．

いずれのケースでも，各投票順に従い，常に一人のピボットが定まることに注意してください．たとえば，全員一致ルールですと，常に最後に投票し

た人によって，議案が可決されるので，最後に投票する人がピボットです。

さまざまな議案が提出される中，平均して，どのような確率でプレイヤーがピボットになるかを計算し，それをプレイヤーのパワーと考えます。

● ピボットになる確率

ピボットプレイヤーになる確率を計算しましょう。確率というと難しそうですが，ここで計算する確率は単純です。たとえば全員一致ルールでは，常に最後の人が，ピボットです。すべての投票順を考えて，各プレイヤーが最後に来る確率は等しく，プレイヤーが n 人いれば，常に $\frac{1}{n}$ です。あるプレイヤーが，ピボットになる確率を投票力指数，特にシャープレイ・シュービック投票力指数といいます。SS 指数と単純に記述することもあります。この指数は，いうなれば，議案を左右できる確率，キャスティングボートを握る確率といえるでしょう。それを投票者のパワーを示すものと考えたわけです。

3 人の過半数多数決の場合の投票力指数を実際に計算してみましょう。この場合，勝利提携は ABC，AB，AC，BC と 4 通りあります。投票者は順番に賛成票を投票するわけで，最初に A がくるケース，最初に B がくるケースなどいろいろありますが，3 人の並べ方は，A-B-C，A-C-B，B-A-C，B-C-A，C-A-B，C-B-A の 6 通りになります。また 1 人は 1 票

POINT8-2　過半数多数決におけるピボット

● 過半数多数決
　 ● ABC　AB　AC　BC が勝利提携
● A―B―C
　 否　可　可　　B が投票して可決 ➡ B がピボット
　 A―C―B
　 否　可　可　　C が投票して可決 ➡ C がピボット

ずつ持っていて，2票入ると可決します。

たとえばA–B–Cという順番で投票したとしましょう。まず，Aさんだけでは賛成1票ですので可決できません。Bさんが投票すると賛成が2票になるから，可決します。もちろん，その後，Cさんが入っても，もちろん可決のままです。したがって，Bがピボットとなります。同様に，A–C–Bの順の場合はCがピボットです。

過半数多数決において順番に賛成票を投票したら，真ん中の人がキャスティングボートを握るというのは当然です。3人の過半数多数決ですと必ず2番目の人がピボットになります。他の場合のピボットもすべて求めると次のようになります。

BOX8-1 　過半数多数決ゲームの投票力指数の計算

勝利提携　AB, AC, BC, ABC

すべての投票順　　ピボット☐
　　　　　A–B̄–C, A–C̄–B, B–Ā–C,
　　　　　B–C̄–A, C–Ā–B, C–B̄–A,

ピボットになる確率
　A : $\frac{1}{3}$　B : $\frac{1}{3}$　C : $\frac{1}{3}$

この6通りの中で2番目に来る回数は，Aが2回，Bが2回，Cが2回です。ですから6通りの中でAがピボットになるのが2回，Bが2回，Cが2回となりますので，A, B, Cがピボットになる確率はそれぞれ$\frac{2}{6}$, $\frac{2}{6}$, $\frac{2}{6}$，すなわち，$\frac{1}{3}$, $\frac{1}{3}$, $\frac{1}{3}$になり，これが投票力指数です。

3人に限らず，過半数多数決ゲームでは，同じ論理が働くので，各プレイヤーがピボットになる確率は等しく，プレイヤーがn人いれば，常に$\frac{1}{n}$です。このように，全員一致と過半数多数決は，非常に異なる制度ですが，投票者のパワーという点では同じであることがわかりました。

●独裁者と拒否権プレイヤーのパワー

　次に，プレイヤーAが独裁者ではないただ1人の拒否権プレイヤーである3人ゲームを考えましょう。その場合の勝利提携はAB，AC，ABCです。勝利するためには必ずAが必要だから，Aが常にキャスティングボートを握るかというとそうではありません。A-B-Cという順番で投票をすると，Aだけでは可決できません。Bが入って可決するので，この場合のピボットはBです。A-C-Bの場合も，Cが参加して，初めて可決するので，Cがピボットです。これ以外のケースはAがピボットになります。BOX8-2で確認してください。

BOX8-2 　Aが拒否権をもつゲームの計算

勝利提携　AB, AC, ABC

すべての投票順　　ピボット☐
　　　A-B-C, A-C-B, B-A-C,
　　　B-C-A, C-A-B, C-B-A,

ピボットになる確率
　A：$\frac{4}{6}$　B：$\frac{1}{6}$　C：$\frac{1}{6}$

　6通りの順番の中で，4通りはAがピボットになるので，その確率は$\frac{4}{6}$，すなわち$\frac{2}{3}$です。6通りのうち1通りはBがピボット，1通りはCがピボットですので，それぞれの確率は$\frac{1}{6}$，$\frac{1}{6}$となります。すなわち，A，B，Cのパワーはそれぞれ$\frac{4}{6}$，$\frac{1}{6}$，$\frac{1}{6}$となります。足して1になることを確認してください。$\frac{2}{3}$と約分しないのは，このままの方がパワーを比較しやすいからです。このゲームではAのパワーは他の人の4倍あることがわかります。しかし，パワーを独り占めしているわけではありません，全体の$\frac{2}{3}$であることに注意してください。Aは拒否権プレイヤーであっても万能ではありません。

　次にAが独裁者であるようなゲームを考えましょう。この場合，勝利す

るためには常にAが必要です。Aがいないと勝利できないのですから，最初にAが投票すれば，その時点で勝利ですし，2番目にAが投票すれば，やはり，その時点で勝利しますし，3番目に投票するときも同様です。すなわち，どんな場合もAがピボットになります。いいかえるとその確率は1で，投票力指数は1となります。これは，プレイヤーが何人でも同じです。

BOX8-3 独裁者ゲームの計算

勝利提携　A，AB，AC，ABC

すべての投票順　　ピボット☐
　　　　　　　　Ⓐ-B-C, Ⓐ-C-B, B-Ⓐ-C,
　　　　　　　　B-C-Ⓐ, C-Ⓐ-B, C-B-Ⓐ,

ピボットになる確率
　A：1　B：0　C：0

それでは，拒否権プレイヤーが2人いたらどうなるでしょうか。AとBが拒否権プレイヤーであったとしましょう。このとき，勝利提携は，ABとABCです。このとき，A-B-Cの順ですと，2番目で提携ABができますので，Bがピボットです。A-C-Bの順ですと，AとCだけでは勝利できませんので，Bがピボットです。同様に，B-A-Cの順とB-C-Aの順で

BOX8-4　AとBが拒否権を持つゲームの計算

勝利提携　AB，ABC

すべての投票順　　ピボット☐
　　　　　　　　A-Ⓑ-C, A-C-Ⓑ, B-Ⓐ-C,
　　　　　　　　B-C-Ⓐ, C-A-Ⓑ, C-B-Ⓐ,

ピボットになる確率
　A：$\frac{3}{6}$　B：$\frac{3}{6}$　C：0　　Cはナル

はAがピボットです．C–A–Bの順のときも，CAだけでは勝利できないので，Bがピボットです．最後に，C–B–Aの順のとき，Aがピボットになります．

6通りのうちAがピボットになるのが3通り，Bがピボットになるのも3通りというわけです．Cは全くピボットになれません．ですから，A, B, Cの投票力指数はそれぞれ，$\frac{3}{6}, \frac{3}{6}, 0$ すなわち，$\frac{1}{2}, \frac{1}{2}, 0$ となります．

Aのパワーは拒否権プレイヤーが1人のときより減っています．一方，全員が拒否権プレイヤーである全員一致ゲームより増えています．ここで，特徴的なのはCのパワーがゼロなことです．Cはピボットになる可能性がゼロで，議案を左右できる可能性はゼロです．このように，ピボットである可能性がゼロであるプレイヤーは，ゲームに全く影響を及ぼさないので，ナルプレイヤーといいます．ナルというのは，「null」，ドイツ語の「0」からきています．Cは，2人の強力な拒否権プレイヤーA, Bに挟まれて，全く影響力を持つことができません．

8.3 投票のパワー分析の応用

●株主総会における投票パワー

4人のケースは計算が難しくなります．4人の株主総会のゲームを考えましょう．4人の株主A, B, C, Dがいて，それぞれ40％，30％，20％，10％の株を持っているとします．そして過半数の51％が賛成すると議案が可決されます．これは，委員会において，それぞれの政党が，4票，3票，2票，1票持っていて，6票以上集まると議案が可決されるケースと同じです．1票を10％に対応させ，51％も60％も同じであることに気がつくと，勝利提携が同一であることがわかります．このような投票ゲームは重み付き投票ゲームと呼ばれます．

勝利提携がどうなるか考えましょう．たとえば，BCは5票しか集まらないので，勝利提携ではありません．6票以上集めるための組み合わせは，

AB，AC，BCD とそれを含むすべての提携です。すなわち，AB，AC，すべての3人提携，全体提携が勝利提携のすべてです。

> **POINT8-3** 4人投票ゲームの勝利提携
>
> A：4票，B：3票，C：2票，D：1票　　6票以上で勝利
>
> すべての勝利提携
> AB，AC，ABC，ABD，ACD，BCD，ABCD

ピボットになる可能性を計算するためには，4人が投票する順序を全部書く必要があります。BOX8-5 を見てください。

> **BOX8-5** すべての投票順
>
> A-B-C-D，A-B-D-C，A-C-B-D，A-C-D-B，A-D-B-C，A-D-C-B，
> B-A-C-D，B-A-D-C，B-C-A-D，B-C-D-A，B-D-A-C，B-D-C-A，
> C-A-B-D，C-A-D-B，C-B-A-D，C-B-D-A，C-D-A-B，C-D-B-A，
> D-A-B-C，D-A-C-B，D-B-A-C，D-B-C-A，D-C-A-B，D-C-B-A

4人の投票順がすべて書かれています。1行目は，Aが先頭に来るケース。2行目はBが先頭，3行目はCが先頭，4行目はDが先頭になるケースです。Aが先頭に来るケースは6通りあります。Aが最初に来て，その後，残りの人が並ぶわけですから，Aの次に，B-C-D，B-D-C，C-B-D，C-D-B，D-B-C，D-C-Bの6通りがあります。Bが先頭に来るケースもやはり6通り，Cが先頭に来るケースも6通り，Dが先頭に来るケースも6通りであり，これらの合計6×4＝24通りがすべての投票順になります。この数は次のようにしても計算できます。投票順の一番先頭はAかBかCかDの4通り，2番目は一番はじめの人以外の3通り，3番目には残りの2人の2通り，最後の順番の人は残りの人で1通り，と計算できるので，4×3×2×1＝24となります。

●ピボットの確率

さて，この中からピボットになるプレイヤーを求めましょう。ピボットはBOX8-6の中で□で表されています。Aが先頭の場合，2番目がBかCであれば，ピボットです。2番目がDのときは，3番目のBかCがピボットです。すなわち，このとき，Bがピボットであるのが3通り，Cがピボットであるのが3通りです。

> **BOX8-6** 各順番におけるピボットプレイヤーと投票力指数
>
> A：4票，B：3票，C：2票，D：1票　　6票以上で勝利　ピボット□
>
> A-B-C-D, A-B-D-C, A-C-B-D, A-C-D-B, A-D-B-C, A-D-C-B,
> B-A-C-D, B-A-D-C, B-C-A-D, B-C-D-A, B-D-A-C, B-D-C-A,
> C-A-B-D, C-A-D-B, C-B-A-D, C-B-D-A, C-D-A-B, C-D-B-A,
> D-A-B-C, D-A-C-B, D-B-A-C, D-B-C-A, D-C-A-B, D-C-B-A
>
> **ピボットになる確率**
> A：$\frac{5}{12}$　B：$\frac{3}{12}$　C：$\frac{3}{12}$　D：$\frac{1}{12}$

次にBが先頭のケースではAが2番目のときはピボットで，CかDが2番目のときは，3番目がピボットになります。すなわち，Aがピボットであるのは4通り，CかDがピボットであるのはそれぞれ1通りです。

次にCが先頭のケースでは，Aが2番目ならばピボットで，BかDが2番目のときは，やはり3番目がピボットになります。すなわち，Aがピボットであるのは4通り，BかDがピボットであるのはそれぞれ1通りです。

Dが先頭の場合は，2番目のプレイヤーはピボットになりません。3番目のプレイヤーが常にピボットになります。したがって，A，B，Cのそれぞれがピボットになるのは2通りです。

これらの合計を考えましょう。Aがピボットになるのは4+4+2=10通り，Bがピボットになるのは3+1+2=6通り，Cがピボットになるのは3

+1+2=6 通り，D がピボットになるのは 1+1=2 通りとなるので，A がピボットになる確率は $\frac{5}{12}$，B がピボットになる確率は $\frac{3}{12}$，C がピボットになる確率は $\frac{3}{12}$，D がピボットになる確率は $\frac{1}{12}$ となり，これらが投票力指数となります。これらは BOX8-6 に示されています。

　ここで，少し面白いことがわかります。最初に 4 人が持っていた票数は，4，3，2，1 で，比率は 4：3：2：1 なのですが，B と C の投票パワーは同じです。票の差を考えると 3 票の人が 2 票の人より 1.5 倍多いので，結果を左右する可能性も高いと思えるのですが，実際は B も C もパワーは同じです。多くの議案に対し，B も C も同じ程度しかキャスティングボートを握ることができないわけです。一方，A のパワーは D の 5 倍になっています。すなわち，票数は 4 倍なのに，より大きなパワーを持ちます。ところが，D のパワーは，B，C の $\frac{1}{3}$ となり，票数の比率より小さいので，パワーは減少しています。このように，票数だけでは，株主総会や委員会での真のパワーが評価できないことがわかります。

　5 人ゲームの投票力指数の計算は，この議論の 5 倍，すなわち 24×5=120 の投票順に関して調べればよいわけですが，大変なことはわかると思います。そのためには計算の工夫が必要です。

● 国連の安全保障理事会における投票パワー

　ここで国連の安全保障理事会の話を少し紹介しましょう。国連ではアメリカ，イギリス，フランス，ロシア，中国の 5 か国が常任理事国として拒否権を持ちます。一方，それ以外に非常任の理事国が 10 か国あり，すべての常任理事国と 4 か国以上の非常任理事国が賛成すると議案が可決します。計算は難しいので省きますが，この場合の常任理事国と非常任理事国のパワーを計算することができます。幸いなことに，非常任理事国のパワーはゼロではありません。数か国の非常任理事国の賛成がないと，議案は可決できないので微少なパワーがあります。しかし，実は，拒否権を持っているプレイヤーは，拒否権を持たないプレイヤーの 100 倍のパワーを持っています。

この計算の詳細に興味のある方は船木（2012）を見てください。

8.4　協力ゲームのシャープレイ値

●プレイヤーの参加の順番と貢献度

　さて，話をシャープレイ値の説明に移りましょう。2012年にノーベル経済学賞を受賞したシャープレイは，実はその50年以上も前に協力ゲームの値というものを提案しています（Shapley, 1957）。それは現在シャープレイ値と呼ばれていますが，全体で得られた利益の分配案と見ることができます。ただし，シャープレイ値は交渉の結果というより，ゲームに参加したときに獲得する利得の期待値として評価されます。ここでは，その計算方法を紹介しましょう。

　前節では勝利提携とそうでない提携しかありませんでした。ピボットプレイヤーとは，それまでの敗北提携から勝利提携に変えることのできるプレイヤーですから，その変化分を考えることが重要です。実は，ピボットの確率とは，その変化分を1とし，変化しないときを0としたときの期待値と一致します。

　協力ゲームでは，この変化分を1，0だけでなく，提携値としてさまざまな数値を取ると考えます。これは提携を形成したときの獲得利益に対応しています。

　それでは，その利益が次のように与えられると考えましょう。A 1人だと1万円，B 1人だと2万円，C 1人だとゼロ，提携ABは4万円，提携ACは5万円，提携BCは6万円，ABC全員で協力すると9万円得られるとします。

　この9万円をどのように分けるかというのが問題です。このとき，ピボットに相当する考え方は，プレイヤーの貢献度です。いまの状況に自分が加わって，どれだけ利得が増えるのかというのが貢献度です。たとえば，自分が会社に入ると，会社の利益がどれだけ上がるのか，それが貢献度です。そ

の貢献度の期待値を考えます．

　ゲームに参加する順番を考えます．このとき，投票のときと同様にA-B-C，A-C-B，B-A-C，B-C-A，C-A-B，C-B-Aの6通りがあります．ゲームに参加したときの貢献度は，いままでの状況に自分が加わって，どれだけ利益が増えたかという値ですから，それぞれの順番に対し，3人それぞれの貢献度を計算することができます．この点はピボットの計算と異なります．

　A-B-Cのとき，Aが最初に入ると，ゼロの状況にAが入って，1万円に増えたのでAの参加による貢献は1万円です．次にBがゲームに参加し，ABの提携値が4万円になったのでBの貢献は4－1＝3万円となります．さらに，Cが参加するとABC全員の提携値が9万円となったので，Cの貢献は9－4＝5万円となります．3人の貢献度の合計は1＋3＋5＝9で全員の提携値になることを確認してください．これは，各人の貢献に従った9万円の分配になっています．

　A-C-Bという順番のときも同様です．Aの貢献度は1万円で同じです．次にCが参加してACになると提携値が5になるので，Cの貢献度は5－1＝4万円です．さらに，Bが参加するとABCの提携値が9となるので，Bの貢献度は9－5＝4万円となります．

　さらに，他の4つの順番についても計算しなければなりません．B-A-Cに対しては，まず，Bの貢献度は2万円です．次にAが参加してABになると4になるので，Aの貢献度は4－2＝2万円です．さらに，Cが参加するとCの貢献度は9－4＝5万円となります．以下，B-C-Aの順番に対する，Bの貢献度は2万円，Cの貢献度は4万円，Aの貢献度は3万円です．

　同様に，C-A-Bに対しては，C，A，Bのそれぞれの貢献度は0，5，4万円になります．C-B-Aに対しては，C，B，Aのそれぞれの貢献度は0，6，3万円になります．BOX8-7では，Aの貢献度のみを計算しています．

> **BOX8-7** 貢献度による利益分配
>
> A：1，B：2，C：0，AB：4，AC：5，BC：6，ABC：9
>
> Aの参加順と貢献度
> 　[A]-B-C：1，　[A]-C-B：1，B-[A]-C：4−2，
> 　B-C-[A]：9−6，C-[A]-B：5，C-B-[A]：9−6，
>
> 貢献度の期待値（シャープレイ値）
> 　A：$\frac{5}{2}$　B：$\frac{7}{2}$　C：3

●シャープレイ値の計算

　投票の場合と同様，ゲームに参加する順番はランダムに決まるとすると，それらの貢献度による分配の期待値を考えるのが妥当でしょう。6通りの順番に対応する3人の貢献度の平均値です。まず，Aの貢献の平均は，1，1，2，3，5，3の平均ですから$\frac{5}{2}$になります。同じように，Cについても計算すると，貢献度の平均は3です。同様にBの貢献度の平均を計算すればよいのですが，3人の貢献度の期待値は分配になるはずですから，Bの貢献度は$9-\frac{5}{2}-3=\frac{7}{2}$としても計算できます。このようにして計算された（$\frac{5}{2}$，$\frac{7}{2}$，3）がシャープレイ値になります。

　実はこのようなシャープレイ値の計算を投票の問題に適応したのが，シャープレイの投票力指数です。勝利提携の提携値を1，勝利できないときの提携値をゼロとして，このときのシャープレイ値を計算すると，投票力指数と一致することがわかります。

●シャープレイ値の公理

　シャープレイのすごいところは，このような計算方法による分配を，別の方法で説明して人々に受け入れやすいようにした点です。それは公理的アプ

ローチというものです．「公理」というのは，アルキメデスの公理やユークリッドの公理等で知られる「数学的に満たすべき性質」を示す公理と同じ意味で使われています．

人々にある分配案を提案して説得したい場合，さまざまな説得の方法があります．公理的な方法というのは，いくつかの満たすべき性質を挙げ，それを満たす分配は，この方法しかないことを証明して，説得しようとすることです．

その性質の第1はパレート最適性公理です．全員で分配するので，分配案はパレート最適性を満たさなければなりません．これは当然満たすべき性質でしょう．

次にナルプレイヤー公理です．先ほど挙げた，貢献度がゼロの人，ナルプレイヤーの得る利得はゼロです．

それから，対称性公理です．同じパワーがあり，同じ提携値を与えるような対称なプレイヤーは同じ利得を得るという性質です．

最後に加法性公理というものがあります．2つの状況の提携値を別々に考えてシャープレイ値を求めることと，2つの状況の提携値を合計して考えて，そのゲームのシャープレイ値を求めることは，実質的に同じことであるという性質です．いいかえると，ある状況を分解し，一つひとつの状況に分け，その状況に対するシャープレイ値を求め，足し合わせると元の状況のシャープレイ値に一致するという性質です．

シャープレイは，この4つの性質を満たすような分配方法は，先ほどのシャープレイ値の方法しかないことを証明しました．もし4つの条件を受け入れるのであれば，それらの条件を満たす提案は，論理的にはこの方法しかないわけです．この公理的なアプローチは第11章の交渉問題をはじめとして，経済学のさまざまな分野でも使われています．

第 9 章
投票ゲームのコアによる分析

9.1 利得分配と投票

● 1 万円の分配交渉

　前章の投票ゲームを，コアを用いて分析しましょう。全員提携の獲得値の分配を投票で決めると考えてください。勝利提携は 1 を得るので，たとえばそれを 1 万円と考え，その分け方を投票で決めると考えればよいでしょう。お金の分け方を投票で決めるというと，不思議に思われるかもしれませんが，1 万円を分ける交渉がなされ，各回に 1 つの案が提案され，それを拒否するには勝利提携による投票の同意が必要であると考えれば，交渉プロセスの一つと考えられます。実は，このような分析はコアを理解する上では大変重要です。

　はじめに，全員一致ゲームを考えましょう。この場合，すべての人が拒否権を持ちます。どのような 1 万円の分配に対しても，それと異なる分配を考えれば利得が減る人がいるのでその提案に合意しません。したがって，元の分配を支配する分配はありません。すなわち，全員が 0 以上を得て，合計が 1 万円となるすべての分配がコアに属します。

　すべての分配案がコアに属するので，この場合には最初の提案者が大変得をすることになります。誰かが提案すると，どの提携もそれを拒否できないわけです。前章のシャープレイの投票力指数ではこのケースの解は $(\frac{1}{3}, \frac{1}{3}, \frac{1}{3})$ ただ 1 つでしたが，コアにはそれ以外の分配も，含まれるわけです。同じ投票の分析でも，パワーの評価とお金の分配のように，分析の目的が異

なると,「答え」が異なるわけです。

● 拒否権プレイヤーのいるゲーム

次に,Aが唯一の拒否権プレイヤーである3人ゲームを考えます。これには独裁者がいるゲームも含まれています。このとき,拒否権を持つプレイヤーA以外のたとえばBが正の利得を得ている分配を考えます。Aはもう一人のプレイヤーCを誘い,勝利提携ACを作り2人で1を獲得できます。そのときBが得ていた正の利得を半々にすれば,必ず2人ともよくなるので,元の配分は支配されます。すなわち元の分配はコアにはなりません。コアになる可能性のあるのはAが独り占めをする分配 (1, 0, 0) のみです。実際,この分配ではAが最大の利得を得ているので,これを支配するような分配はなく,コアになります。したがって,このケースでは,コアが存在します。3人以上のケースでも,拒否権プレイヤーがただ1人であれば,その人が1を獲得します。Aが唯一の拒否権プレイヤーである場合,そのプレイヤーが独裁者であってもなくても,コアは同じ分配です。前章のシャープレイの投票力指数のときの議論と比べてみてください。

さらに拒否権プレイヤーが2人いる3人ゲームを分析してみましょう。たとえば,ABが拒否権を持つゲームです。シャープレイ値のときを思い出してください。Cはナルプレイヤーでゼロを得,残りの1をAとBで折半しました。コアも似たところがあります。Cはナルプレイヤーなので,Cは何ももらえません。なぜなら,もし,Cが正の利得を得ていると,Cを除いた勝利提携ABのメンバーでCの得ている利得を折半すれば,提携のメンバー全員の利得が増えるので,元の分配は支配されてしまうからです。それ以外の分配には,それを支配する分配がありません。すなわち,この場合,AとBが合計1を得ているような分配はすべてコアになります。

このようにして3人ゲームにおいて,拒否権プレイヤーのいるすべてのケースを調べることができました。一般的に拒否権プレイヤーのいるゲームではその拒否権を持つプレイヤー全員が合計して1となる利得を得るとコ

アになります。全員一致ゲームもこの性質を満たしています。ですから，投票ゲームにおいて，拒否権プレイヤーがいるゲームでは必ずコアが存在します。

● **拒否権プレイヤーのいないゲーム**

　それでは，拒否権プレイヤーのいない3人ゲームのコアを見てみましょう。3人提携，2人提携ともに勝利提携であるゲームを考えます。これは過半数多数決ゲームと同じです。このゲームのシャープレイ値は全員一致ゲームと同じで $(\frac{1}{3}, \frac{1}{3}, \frac{1}{3})$ という分配でした。ところがこれはコアではありません。すなわち，どの提案に対しても必ずそれを支配する提案があります。たとえばどの2人提携でも1を獲得できるので，たとえばAとBが協力して均等分配すると，2人とも得をします。すなわち，$(\frac{1}{2}, \frac{1}{2}, 0)$ が $(\frac{1}{3}, \frac{1}{3}, \frac{1}{3})$ を支配します。この他，どのような分配を考えてもそれを支配する分配が存在します。この場合，コアが存在しないので，安定な帰結がないということになります。

　この3人過半数多数決ゲームについて，もう少し話をつけ加えておきましょう。実はゲーム理論の創始者であるフォン・ノイマンとモルゲンシュテルンはその著書の大部分でこの問題を扱っています。かれらは，コア以外の安定な分配の概念があるのではないかと考えました。その一つが，$(\frac{1}{2}, \frac{1}{2}, 0)$，$(\frac{1}{2}, 0, \frac{1}{2})$，$(0, \frac{1}{2}, \frac{1}{2})$ の3つの分配からなる解です。詳しくは，例えば，船木（2012）を見てください。これは人々の意思決定による実験の結果とも近く，フォン・ノイマン=モルゲンシュテルン解あるいは安定集合と呼ばれています。この3つのどの配分も，それを支配するような配分があるのですが，長期的視点に立てば，必ず，これらのどれかに落ち着くというプロセスにより，この解は説明されます。

9.2 議案や候補者の投票

●どの提案が生き残るか

投票の問題で重要なのは，いくつかの議案の中から1つを選んだり，何人かの候補者から1人を選んだりすることです。今度は，その話に移りましょう。これは選択対象が有限（非分割）のケースです。たとえば，誰を首相として選出するかとか，誰を委員長にするかというような意思決定です。このとき，前節同様に勝利提携を考えます。第5章と同様，勝利提携は提携のメンバーが合意すれば，どのような提案（選択対象）もコントロールできると考えます。ただし，分析の方法は協力ゲームの方法によります。

再び，3人のケースで考えましょう。3人のプレイヤー，3人の代表者，3つの党のいずれでも構いません。今回は過半数多数決から考えます。3人のプレイヤーを再び，A，B，C とします。勝利提携はすべての2人提携と3人提携です。選択対象としては3つの案 a，b，c があるとし，このうちの1つを投票で決定するとします。この3つの選択対象に対し，各プレイヤーは選好順序を持っています。すなわち，好ましさの順番をつけているとします。お金の場合は単にもらえる金額が多ければ多いほどよかったのですが，候補者に対する好みはプレイヤーにとってさまざまでしょう。

BOX9-1　選択対象が有限の過半数多数決ゲーム

　勝利提携　AB, AC, BC, ABC

　■選択対象の集合 ── 議案　首相
　■プレイヤーの好み（選好）
　選択対象　　　A：a＞b＞c
　{a,b,c}　　　 B：b＞c＞a
　　　　　　　　C：c＞a＞b

BOX9-1 を見てください。各プレイヤーの選好の表し方は第5章と同じ

です。

　それぞれ，Aさんはa，b，cの順番で好ましいと考えており，Bさんはb，c，aの順番，Cさんはc，a，bの順番で好ましいと考えていることを示しています。前章の分析では，提出された1つの提案を通すか通さないかという分析でしたが，ここではいくつかの案の中から1つを選ぶということに注意してください。

● 支配する提案ができる提携とコア

　次に提携のメンバー全員で合意可能なこととは何かを明らかにしなければなりません。コアの議論では，ある案が提案されているとき，別の提案をして元の提案を却下する，あるいは拒否することが可能かどうかが重要です。そのような提案を元の提案を**支配する提案**といいました。したがって，そのような支配する提案が可能な提携があるかどうかが重要になります。そこで，ある選択対象が提示されたとき，それを拒否することができる提案と提携を考えてみましょう。

　ある提携が，選択対象 x を拒否するためには，それと別の選択対象 y があり，その提携のメンバー全員がその新しい選択対象 y の方を好ましいと思い，しかも，自分たちで提案 y が実現可能でなければなりません。すなわち，その提携は勝利提携であり，メンバー全員が新しい選択対象 y を好ましいと考えていなければなりません。このとき，元の選択対象 x は却下されることになります。

　それでは，このとき，この y が最終的な結果になるかというとそうではありません。また別の勝利提携が，選択対象 y よりもメンバー全員が好ましい z を提示して，拒否するかもしれません。これは，どこまでも続きます。ある選択対象がコアに入るというのは，それを拒否するような勝利提携がないことです。すなわち，**コア**というのはどの勝利提携も拒否できないような選択対象のことです。

●過半数多数決ゲームのコア

> **BOX9-2** 過半数多数決ゲームのコア
>
> 　　　勝利提携　AB，AC，BC，ABC
>
> 　　A：a＞b＞c　　提携 AB は c を拒否できる
> 　　B：b＞c＞a　　提携 BC は a を拒否できる
> 　　C：c＞a＞b　　提携 AC は b を拒否できる
>
> 　　　コアはない　投票のパラドックス

　それでは，過半数多数決ゲームのコアを考えていきましょう。勝利提携は，ABC，AB，AC，BC の 4 つでした。まず提案 a を考えましょう。勝利提携 BC にとっては 2 人とも a より c を好ましいと思うので，a は拒否されます。BOX9-2 で，B と C の 2 人が a より c を高く評価しているのを確認してください。それでは提案 c で決まりでしょうか。そうではありません。勝利提携 AB を考えてください。2 人とも c より b を高く評価しているので，c は拒否されます。ところが，これでも終わりません。勝利提携 AC を考えると b も拒否されます。2 人とも，b より，a を好ましいと思っています。このように，選択対象 a，b，c のいずれもが，ある勝利提携によって拒否されてしまいます。すなわち，コアは存在しません。これは，先ほどの金銭を分けるゲームと同じです。ここでは，全体提携は勝利提携ですが，その出番がなく，すべての選択対象が拒否されてしまいました。

　まとめると，a は c により拒否され，c は b により拒否され，b は a により拒否されます。いわゆる 3 すくみの状況です。グー，チョキ，パーのような状況です。第 5 章と同じく，投票のパラドックスが再び現れました。

●独裁者，拒否権プレイヤーのいるゲームのコア

　それでは，どういう場合にコアが存在するのでしょうか。次に 3 人が 3 つの選択対象の中から選ぶという同じ状況において，独裁者がいるゲームを

考えてみましょう。

> **BOX9-3** 独裁者ゲームのコア
>
> 勝利提携　A, AB, AC, ABC
>
> A：a＞b＞c　　提携 A は b, c を拒否できる
> B：b＞c＞a
> C：c＞a＞b
> 　　　　コアは {a}

　BOX9-3のように独裁者は a を最も好ましいと思っているとしましょう。このとき，コアは選択対象 a になります。というのは，それ以外の選択対象 b, c はその独裁者によって拒否されますし，独裁者は1人で勝利提携となるからです。勝利提携には常に独裁者が含まれているので，a を拒否するような勝利提携は存在しません。

　次に拒否権プレイヤーのいるゲームを考えましょう。拒否権プレイヤーが何人か居たとします。そのうちの1人が，a を最も好ましいと思っていたとしましょう。そうすると必ず a はコアに含まれます。というのは，すべての勝利提携にその拒否権プレイヤーが含まれており，そのプレイヤーを含んだ提携が a を拒否することに合意することがないからです。もし，もう一人の拒否権プレイヤーが b を最も好ましいと考えていると，b もコアに入ります。さらに，3人目の拒否権プレイヤーが c を好ましいと思っていたら，c もコアに入ります。拒否権プレイヤーが3人いるゲームとは全員一致ゲームですから，この場合は a, b, c すべてがコアになります。一方，この3人の好みが一致していれば最も好ましい選択対象がコアになります。

　拒否権プレイヤーのいるゲームでは，コアに属する選択対象は定まりますが，それ以外の選択対象がコアに入るか否かは各人の好みに依存します。たとえば，3人ゲームで A と B の2人が拒否権プレイヤーであるとき，この2人の好みが一致していれば，その選択対象はコアに入りますが，その勝利

提携によって他の選択対象を拒否することができるので，コアはただ1つの要素になります。もし，2人の好みが異なるときは，2つの選択対象がコアになるケースと3つの選択対象がコアになるケースがあります。BOX9-4，BOX9-5を見てください。

> **BOX9-4**　ABが拒否権プレイヤー
>
> 　　勝利提携　AB，ABC
>
> A：a＞b＞c　　提携ABはcを拒否できる
> B：b＞c＞a
> C：c＞a＞b
> 　　　　コアは {a, b}

> **BOX9-5**　ABが拒否権プレイヤー
>
> 　　勝利提携　AB，ABC
>
> A：a＞c＞b　　提携ABは何も拒否できない
> B：b＞c＞a
> C：c＞a＞b
> 　　　　コアは {a, b, c}

　いままでの結果をまとめると，拒否権プレイヤーがいる場合はコアが存在することがわかりました。さらにこのようなときは，投票のパラドックスは生じません。どこまでも堂々巡りの提案合戦になることはありません。そういう意味でその制度は安定的になるわけです。国連の安全保障理事会には拒否権プレイヤーがいますが，拒否権が存在することによって，必ず提案はどこかで収束します。その意味で安定な制度となります。拒否権プレイヤーが一番好ましいと思っているものは，必ず拒否されずに残るわけです。その意味で拒否権プレイヤーが不満を持つことはありません。

● コアが存在する過半数多数決ゲーム

　この節のはじめで，コアが存在しない過半数多数決ゲームを紹介しましたが，コアが存在するケースもあります。たとえば全員の好みが一致していればコアは存在します。好みが異なっていても，選択対象が少なくなるとコアが存在します。

BOX9-6　過半数多数決ゲームのコア

　　勝利提携　AB, AC, BC, ABC
　　選択対象　{a, b}

　A：a＞b　　提携 AC は b を拒否できる
　B：b＞a　　コアは {a}
　C：a＞b　　中村数が重要

　BOX9-6のように選択対象がaかbの2つとします。3人の好みは，aをよりよいと思うか，bをよりよいと思うかの2つです。3人のうち少なくとも2人はどちらかで一致するはずです。たとえば2人がaをよりよいと思えば，この2人提携は勝利提携なので，aだけがコアになります。すなわち，コアは存在します。他の2人提携でaを拒否できないことを確認してください。重要なことはどのような好みを考えてもコアが存在することです。

　まとめると，3人投票ゲームで選択対象の数が2のケースでは，どのような好みの状況であってもコアが存在します。たとえその条件を満たしていなくとも，人々の好みの状況によってはコアが存在したり，存在しないことがあります。したがって，一つの制度の下で，好みの状況がいろいろと変化しても，コアが存在するかどうかを調べることは重要です。いいかえると，選好の状態がいろいろと変わっても，常にコアが存在することを示すことは重要です。中村健二郎は選択肢の数とコアの存在の関係を調べ，その数より

9.2　議案や候補者の投票

選択対象の数が少ない状況では必ずコアが存在するという数を求める式を発見しました（Nakamura, 1979）。その数は**中村数**として知られています。これについてはたとえば岡田（2011）を参照してください。

第10章
破産問題の分析（協力ゲームの仁）

10.1 破産問題とその解

●タルムードと破産問題

　古いユダヤ教の聖典で**タルムード**というものがあります。聖典といっても宗教のこと以外に，法律書のような役割があり，個人間でもめごとが生じたときの法律的判断についても書かれています。その中に次のような話があります。

　ある男が死亡し，自分の残した遺産を3人の妻に分け与える金額を記載した遺言書が見つかりました。その遺言書で約束した金額に遺産が足りなかったので，残された妻同士が遺産の分け方について，議論することになりました。遺言書には，それぞれの妻に，100万円，200万円，300万円を残すと書かれていました。（お金の単位は私たちになじみのある単位に変更しています。）その際，タルムードによると，もし，残された遺産が100万円であれば，$33\frac{1}{3}$ 万円ずつの均等分配せよ。残された遺産が200万円であれば50万円，75万円，75万円に分けよ。残された遺産が300万円であれば，50万円，100万円，150万円に分けよと書かれていました。

　この最後の分け方は遺言書の約束の額に比例して分けた比例分配ですので説明がつきますが，残された財産が200万円のときの分け方はとても不思議です。これらの分け方の整合的かつ論理的な説明が，長い間，ユダヤ教の研究者などによって考察されてきましたが，なかなかわかりませんでした。中には，記述ミスではないかという学者も現れたそうです。しかしながら，

この問題は協力ゲームの分配の問題に似ています。実はユダヤ人のゲーム理論家でノーベル経済学賞を受賞したオーマンとゲーム理論家であり数学者のマッシラーが論文（Aumann and Maschler, 1985）において，合理的な説明を与え，さらに，それは協力ゲームの解に対応することを突き止めました。この章ではそれを説明しましょう。なお，オリジナルな問題は遺産の問題ですが，ある人が破産して，その請求権を3人の人が持っているとしても同じ問題と考えられるので，一般には破産問題として知られています。

> **BOX10-1　協力ゲームによる分析**
>
> ■タルムードの分配（ユダヤ教の法典）
> ■債権：A 100, B 200, C 300
> ■残財産額：100 → 配分 ($33\frac{1}{3}$, $33\frac{1}{3}$, $33\frac{1}{3}$)
> ■残財産額：200 → 配分 (50, 75, 75)
> ■残財産額：300 → 配分 (50, 100, 150)

● ミシュナの分配

実はタルムードの注釈書としてミシュナというものがあります。注釈書とはタルムードを補足する細かいルールを，実例を含めて記述したものです。

ミシュナの中に，2人が1つの衣を争うという問題とその解決策が書かれていました。

ある2人の人が1つの衣を巡って，争っています。一人は半分を要求し，もう一人は全部を要求しています。この時代の衣は1枚の布のようなもので，半分でも十分に価値がありました。そのときのミシュナによる判断は，一方が $\frac{3}{4}$ を得て，他方が $\frac{1}{4}$ を得るというものでした。これは要求量に対する比例配分ではありません。というのは全部要求している人の要求量は半分要求している人の2倍ですから，要求量に比例させると，前者は $\frac{2}{3}$ を得，

後者は $\frac{1}{3}$ を得ることになります。それでは，この $\frac{3}{4}$, $\frac{1}{4}$ という分け方はどのように説明できるのでしょうか。

POINT10-1　ミシュナの分配

- 1つの衣を巡る争い
- 1人は全部を要求　　　　1人は半分要求
- 全部要求の人 $\frac{3}{4}$ 獲得　　半分要求の人 $\frac{1}{4}$ 獲得
- なぜか？

　これは，以下のように考えるとうまく説明できます。

　半分要求している人は，残りの半分を相手にあげてもよいと考えていることと同じです。一方，全部要求している人は，相手に何もあげないことと同じです。これらを総合すると，全部要求している人は，相手から半分もらってもよいと考えられます。そのとき，交渉の的となっているのはその残りの半分です。その残り半分を交渉の当事者の2人で均等に分けると双方は $\frac{1}{4}$ を受け取ります。その結果，半分要求していた人は $\frac{1}{4}$ を得，全部要求していた人は先に受け取った半分を加えて $\frac{3}{4}$ を得ます。

　これがミシュナの分け方の自然な説明です。

POINT10-2　ミシュナの分配の解釈

- 全部要求の人 → 相手にあげない　　　半分要求の人 → 相手に半分あげる
- 全部要求の人 → 半分獲得　　　　　　半分要求の人 → ゼロ獲得
- 残りは半分 → この半分を均等分配
- 全部要求の人 $\frac{3}{4}$ 獲得　　　　半分要求の人 $\frac{1}{4}$ 獲得

10.1　破産問題とその解

●ミシュナの分配を財産の分配に

> **BOX10-2** ミシュナの財産分配への適用
> ■200万円の財産の分配
>   A：100万要求→Bに100万
>   B：200万要求→Aにゼロ
> ■残額の100万円→均等分配50
>   Aの獲得額：ゼロ+50＝50万円
>   Bの獲得額：100+50万円＝150万円

　この考え方を財産の分配に適用してみましょう。いま，残された財産額が200万円であったとしましょう。Aさんは半分の100万円を要求し，Bさんは全額である200万円を要求しているとします。これはきちんとした理由に基づく請求権がある要求と考えてください。先ほどと同じように，Aが100万円要求することはBに100万円与えるということと同じになるので，200万円要求しているBさんは，100万円を得ることになります。Bは200万円要求しているので，Aのこの時点での受取額はゼロです。続いて，残額が100万円あるわけですから，それを均等分配すると両者は50万円ずつ受け取ることになります。その結果，Aの獲得額は均等分配の50万円，Bの獲得額は先に100万円もらっていて，さらに50万円をもらうから150万円となるわけです。この分け方はミシュナの分け方の，一方が$\frac{1}{4}$，もう一方が$\frac{3}{4}$もらうのと同じです。

●2人の間のさまざまな財産分配額
　さて，それをいろいろなケースについて表したのがBOX10-3です。BOX10-3では，縦軸がAさんの受取額で，Aさんは100万円の要求額（債権額）があります。横軸がBさんの受取額で，Bさんは200万円の要求額（債権額）があります。残された財産額がゼロから始まって，300万

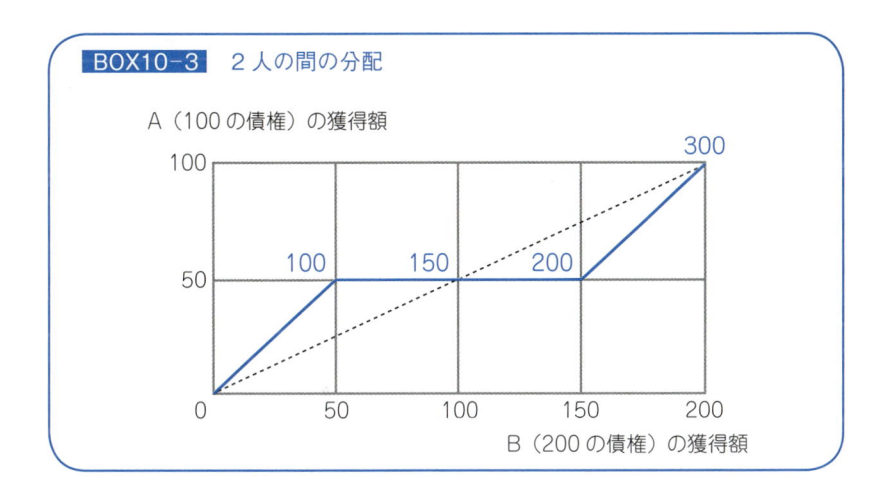

> **BOX10-3** 2人の間の分配
>
> A（100の債権）の獲得額 / B（200の債権）の獲得額
>
> 折れ線の値：100, 150, 200, 300

円の満額まであり，その額に応じた分け方が青い折れ線で示されています。最初は均等に分配されていて，双方50万円を受け取る時点から，Aの受取額は一定になります。たとえば残された財産額が60万円ですと双方が30万円ずつもらうというわけです。

残された財産額は青い数字で書かれています。残された財産の額が100万円を超えると，Bだけが増加分をもらっていることに注意してください。たとえば，残された財産が150万円のときの分け方は50万円と100万円になります。200万円残されたときは50万円と150万円になります。残された財産額が200万円を超えると，200万円を超えた超過分を2人は均等に受け取っています。たとえば260万円だったら，200万円を超えた分60万円が均等に分配されて，80万円と180万円になります。残された財産が300万円になった時点でちょうど100万円と200万円を得ることを確認してください。

これがミシュナの分け方であることを説明しなければなりません。まず，残された財産が100万円以下の場合，均等分配になります。財産の額が100万円以下でしたら，AさんもBさんも初めに相手にあげる額は全くないので，残された財産を単に均等に分けるだけです。

残された財産が100万円を超えたらどうなるでしょう。残された財産が100万円以上200万円以下のケースを考えてみましょう。このとき，Aさんは100万円を超えた部分を放棄します。Bさんにはそのように放棄する金額はありません。ですから，100万円を超えた部分はすべて，Bさんが得ると考えられます。そのときの残りの金額は100万円です。これを均等分配するとAさんは50万円を得て，Bさんは残りのすべてを得ることになります。したがって，Aさんの獲得額は50万円で一定です。

　残された財産額が200万円以上となり，2人ともに残された財産額以下の債権額を持っているときを考えましょう。この場合は両方とも自分が放棄して相手にあげてもいいという金額があります。その差を考えてみましょう。たとえば280万円が残された財産額であれば，Bさんは80万円あげてもいいというし，Aさんは180万円あげてもいいというわけです。ですから2人の受取額の差は100万円です。放棄された残りの金額を均等分配しても，2人の受取額の差は変わらず100万円です。200万円以上のどのような残された金額に対しても，同じ理屈が成り立ち，2人の受取額の差は常に100万円です。図で，Aが50万円，Bが150万円受け取っているところより右上の線はすべて，この条件を満たしています。すなわち，差が100万円の線になっています。ですから，結果的にいうと，ミシュナの方法による分配は図の青い太線で描かれている通りになります。

●ミシュナの分配は公平か

　さて，なぜこの分け方が公平と考えられるのでしょうか。まず残された財産が少ないとき，すなわち2人にとって残された財産の額が請求額の合計の半分以下しかないケースを考えましょう。残された財産が半分以下なので，自分のもらえる金額は半分以下だと2人は思うわけです。2人とも人間としては対等ですから，できるだけ均等にもらいたいと思い，そのように少ない財産の場合は均等分配が公平と考えられるわけです。最初の10万円は5万円ずつ，20万円に対しては10万円ずつのように均等にもらっていきま

す。しかし，財産額が100万円になった時点で二人の受取額が50万円になり，Aさんは請求額の半分というレベルに達してしまいます。ですから，他方のBさんだけが自分の請求額の半分の100万円になるまで，受取額が増加していきます。この部分ではBの受け取りだけが増加しますが，2人とも要求の半分以下という意味で公平です。

それでは，残された財産が債権額の合計の半分以上あるときはどうでしょう。このとき，2人とも半分以上もらえると期待するわけです。ですから，自分の請求額のうち，どれだけもらえないか，不足するかということを重要視すると考えられます。人間としては対等ですからその不足額ができるだけ均等になるようにしたいと考えます。すなわち，残りの財産額300万円から始まり，2人の不足額を均等にします。2人の受取額は均等に減少していきます。たとえば残された財産額が260万円の場合，満額より40万円少ないわけですから，その不足額40万円を均等割し，2人とも20万円ずつ不足するように分けます。すなわち，Aが80万円，Bが180万円得ることになります。このような不足の均等分配はAが50万円獲得するところまで続きます。それ以上均等に減らすことはできません。なぜなら，それ以上減らすとAの受取額が債権額の半額以下になってしまうからです。そこで，その後はBさんだけが受取額を減らしていくことになります。これが，2人が半額を得る，財産額150万円のところまで続くわけです。

ちなみに，比例分配はどうなるかというと，1:2の分配ですから，傾きが$\frac{1}{2}$で財産額0と財産額300の点を結ぶ直線でBOX10-3の点線のようになります。比例分配と比べ，残された財産額が債権額の合計の半分以下のときは，少ない債権額の債権者Aに有利です。一方，残された財産が債権額の半分より多い場合は，債権額の多い方の債権者Bの方が比例分配よりも有利です。

比例分配とミシュナの分配を比べると，比例分配というのはお金1円に対する請求権に対して，戻される金額は同じです。誰のお金もみんな公平に取り扱っているわけです。それに対して，ミシュナの分配は人に対してでき

るだけ公平に取り扱っていると考えられます。はたして，どちらが公平でしょうか。それは社会が決めることですが，当時のユダヤ教の社会ではこの分配が公平であるという慣習があったと思われます。

10.2 破産問題の解の整合性

● 3人問題への拡張

いままでの議論で2人の間の公平な分配は決まりました。それでは，これを本来の問題である3人の間の交渉に拡張するにはどうしたらよいのでしょうか。それには，社会選択理論などで知られている整合性という考え方が必要です。

まず例を用いてどのように考えたらよいか，考えてみましょう。ある一つの3人の分配案を考えます。ともかく，何らかの方法で合計額を3人で分けてみます。その分配額を2人ずつに分かれて再考するとしましょう。A，B，Cの3人が分配を受けたら，まずそれをA，Bの2人でもう1度分け直すことを考えてみます。同様に，その分け方をB，Cの2人でもう1度分け直すことを考えてみます。さらに，A，Cの2人でも，もう1度分け直すことを考えてみます。そのような，再考のプロセスを考えましょう。

分配額を2人で再考をするというのは，いま，2人の受け取った金額を元に，その合計が残された財産の額であると思って，2人で分け方を考え直してみるということです。そのとき，基準になるのはミシュナの分けかたです。すなわち，ミシュナの分配方法で2人の分配を考え直してみるということです。新たな残された財産額と2人の要求額に対し，それを基に，ミシュナの分配と同じかどうかのチェックをすることは簡単です。このようなチェックをすべての2人組に対して行ってみましょう。その結果，すべてのチェックをパスしたとき，元の3人の分配額は，ミシュナの分配と整合的，あるいは単に整合的な分配であるといいます。

3人の間の公平性を考えることは難しいことです。できるだけ均等に近く

分けるという目標は2人では容易に考えられましたが，3人に対して考えることは難しいことです。そこで，すでに議論が定まっている2人の問題を縮小して，公平性を考えます。

　これは，人数が多くても同じです。たとえば，200人の間の公平性を考えるとしましょう。まず，1つの分配案を取ります。次に200人の中での2人の組合せをすべて考えます。2人の受取額について，どの2人もその分け方が公平であると考えれば，元々の200人の分配が公平だと考えます。これが整合性の考え方です。

　実際にこのような整合性の考え方は経済学のいろいろな分野に適用可能です。

● タルムードの分配のタンクによる説明

　それでは，3人の分配で，どの2人もミシュナの分け方に整合的なものを求めてみましょう。BOX10-4を見てください。まず，この図の読み方を説明します。

　Aさんは100という債権額を持って，Bさんは200，Cさんは300とい

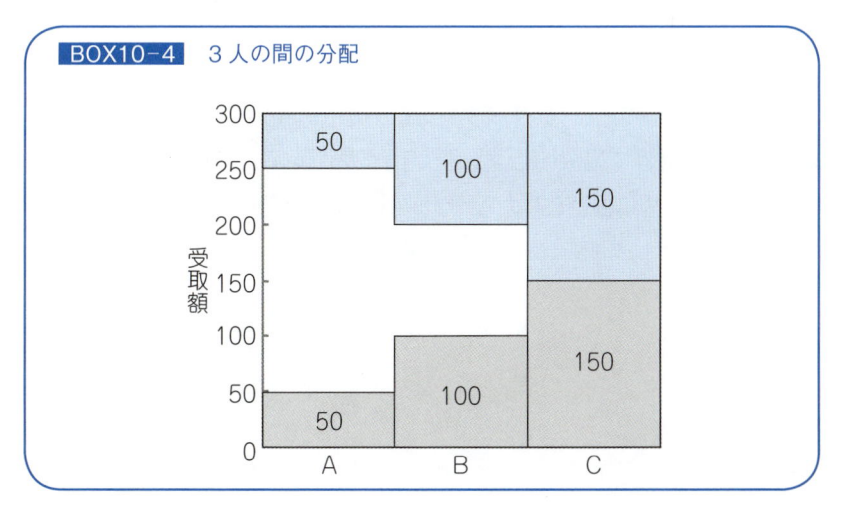

BOX10-4　3人の間の分配

(受取額のグラフ：Aは50+50=100，Bは100+100=200，Cは150+150=300)

う債権額を持っています。それを上と下に半々に分けて記述しています。すなわち，A さんは，50，50，B さんは 100，100，C さんは 150，150 と上下に分けて書かれています。この債権額の部分は水を注ぎ入れることができる，つながったタンクのようなものと思ってください。上から水を注ぐと，水は均等にたまっていきます，このとき，水の量が残された財産額に対応し，縦軸の目盛りはそのときの各人の受取額に対応します。

たとえば総量 30 の水を入れればどうなるかというと，この 30 は A，B，C に均等に 10 ずつ注がれることになります。これは残された財産額 30 を 3 人が 10 ずつ均等に受け取ると考えます。150 の水を入れると，50，50，50 と均等に分けられます。すなわち，財産額が 150 のときの受取額は全員 50 ずつです。ところが，250 の水を入れると A さんは 50 で下のタンクが満タンになるので，後は，B と C だけに水が入ります。そこで，50，100，100 となるわけです。これが財産額 250 のときの各人の受取額を示しています。この時点で B の下のタンクも満タンになっているので，その後は C のタンクにだけ水が入ります。すなわち，300 の水を入れると，それぞれ，50，100，150 の水が入ります。これは財産額が 300 のときに，それぞれの受取額が 50，100，150 となることを示しています。

BOX10-5 を見てください。タルムードの分配と同じになるかチェックしましょう。100 の水を入れると均等に $\frac{100}{3}$ ずつになります。200 の水を入れると，A の下のタンクが満タンになるので 50，75，75 になります。300 のケースはすでに説明しました。いずれも，図に横線で示されています。この章の始めにお話しした配分と一致していることがわかります。このタンクによる分け方はタルムードの方法と同じです。

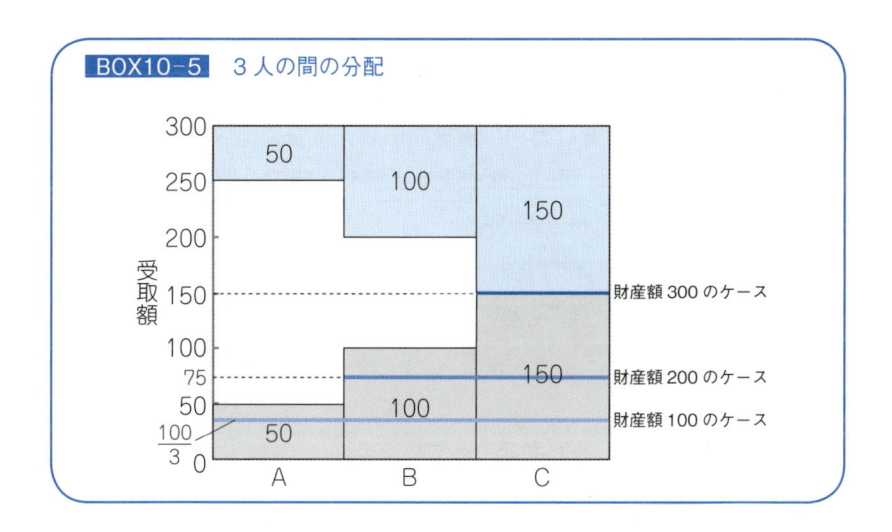

BOX10-5 3人の間の分配

受取額のグラフ:
- 財産額 300 のケース: A=50, B=100, C=150 (合計300、受取額150)
- 財産額 200 のケース: A=50, B=100, C=50 (受取額75まで、Cは50+... 合計200)
- 財産額 100 のケース: A≈100/3, B≈100/3, C≈100/3

※右側ラベル:
- 財産額 300 のケース (150)
- 財産額 200 のケース (75)
- 財産額 100 のケース (100/3)

横軸: A, B, C

●整合的な分配案

これがどうして,ミシュナの分配と整合的なのでしょうか。

この方法で分けた分配を2人だけで再度考え直しても常に同じ分配になることを説明します。いま,Cの部分を消し,AとBの間の再分配を考えてみましょう。これが,現在2人の受け取っている額を分け直すことに対応します。このとき元の3人の分配でわりあてられた額と,この2人での再分配額は一致しているので,それがミシュナの分配であることを示せばよいのです。

2人の債権額は100と200です。このときの2人の受取額がどのように表されているか考えてみましょう。100万円の債権額を持つ人のタンクは50万円ずつ上下に分かれているので,残された財産額が100万円までは均等分配です。その後,残された財産額が100万円から200万円までは,200万円の債権額の人が追加分をすべて獲得し,その後,残された財産額が200万円以上の場合は,それ以上の追加分が均等分配されます。このときの2人の分け方は,BOX10-3の分け方と全く同じです。ですから,3人での分配額は,そのまま,2人でのミシュナの分配になります。これと同

じことは，どの2人組についてもいえるので，元の3人の分配はミシュナの分配と整合的になります。たとえば，BとCの2人で3人の分け方を再考すると，200万円と300万円の債権額の2人の交渉になりますが，同じ理由でミシュナの分配と同じになります。ミシュナの分配に整合的な3人の分配方法はこの他にはありません。

このようにして，長年不明であったタルムードの分配はミシュナと整合的な分配として説明をつけることができました。

● 4人ゲームの場合

4人ゲームではどうなるか考えてみましょう。

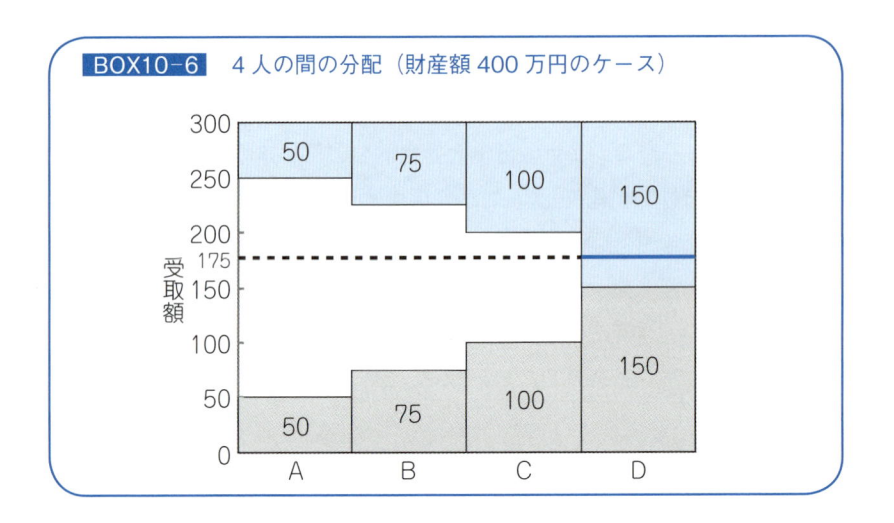

BOX10-6 4人の間の分配（財産額400万円のケース）

BOX10-6を見てください。A，B，C，Dの4人の債権者の債権額が100，150，200，300であったとしましょう。債権額を半分にして上下のタンクに分けると，A，B，C，Dの債権額はそれぞれ，50：50，75：75，100：100，150：150に分けられます。受取額は，水を入れてみればわかります。200が残された財産額であれば，4で割ると50なので，全員の受取額が50になります。400が残された財産額であれば，それぞれの下のタ

ンクが順に満杯になっていくので，BOX10-6 に示されているように水の量は 50，75，100，175 になります。ですから，400 万円が残された財産額で，4 人の債権者の債権額が 100 万円，150 万円，200 万円，300 万円のとき，タルムードによる分配額は 50 万円，75 万円，100 万円，175 万円になります。

10.3 協力ゲームの仁との関係

●破産問題に対応する協力ゲーム

次に，この破産問題の解とゲーム理論の関係について説明しましょう。まずコアによる財産の分配を考えましょう。3 人ゲームで残された財産が 200 万円のケースを考えます。このときのタルムードの解は，50，75，75 でした。これをゲーム理論で説明できるでしょうか。

コアに属する分配とは，どのような提携も，その分配を拒否できないような分配です。このとき，ポイントになるのは提携を作ったときに確実に得ることのできる金額の確定です。たとえば A は最低限，いくらもらえるかというと，もちろん，何も支払うことはないのでゼロ以上であることは確かです。それ以上を確実に得られるかどうかは，他のプレイヤーの請求額に関係します。

ミシュナの考え方と同様，他のプレイヤーが請求した残りの額は確実に得られると考えるのが一つの自然な方法です。B と C は 200 万円と 300 万円を請求しているので，2 人で 500 万円あれば文句はないはずですが，200 万円ですので足りません。ですから，A の確実獲得額はゼロです。逆に提携 BC の確実に獲得できる額を考えましょう。この場合，A は 100 万円を請求しているので，残された財産額 200 万円から 100 万円を支払ってもまだ残りがあります。その残りの額 100 万円が BC の確実獲得額と考えられます。もちろん，全体提携の獲得額は財産総額の 200 万円です。同様にすべての提携に対して計算すると下記のようになります。

A：0万円　　B：0万円　　　C：0万円
AB：0万円　AC：0万円　BC：100万円　ABC：200万円

● 対応する協力ゲームのコア

　この協力ゲームに対し，タルムードの分配は（50，75，75）でした。それを支配するような分配がないことを示します。支配する可能性のあるのは 100 万円を確保できる提携 BC ですが，B と C は合計で実際に 150 万円を得ているので，2 人ともが，よりもうかるような分配案を提案することはできません。このように受取合計額が最低獲得可能金額より大きいときは，新たに支配する分配案を提案することができません。ですから，そのような条件がすべての提携について成り立てばコアになります。実際，分配案（50，75，75）はコアになります。ただし，コアになるのはこの分配案だけではありません。たとえば（45，80，75）もコアになります。

● コアの制限と仁

　コアに入る配分を考えると広すぎるので，少し制限することを考えます。
　下記のように，全体提携を除くすべての提携が 50 万円ずつ多くもらえると考えてください。提携による支配がしやすくなります。

　　A：50万円　　B：50万円　　　C：50万円
　　AB：50万円　AC：50万円　BC：150万円　ABC：200万円

　こうした新しい状況におけるコアを考えると，A も B も C も最低限 50 万円もらえることになります。さらに，提携 AB も提携 AC も 50 万円，そして提携 BC は 150 万円もらえることになります。この状況においても（50，75，75）という分配はコアに入っています。ここで，A が 50 万円以上もらうという条件と提携 BC が 150 万円以上もらうという条件，さらに 3 人の合計は 200 万円という条件から，A の獲得額は 50 万円と確定してしまいます。同時に提携 BC が 150 万円もらうことも定まるのに注意してください。したがってこの時点で，（45，80，75）はこのコアにはなり

ません。

ここまでで確定したのは，Aの受取額50万円だけでした。まだBとCのそれぞれの受取額は確定しません。(50, 70, 80)もコアに入っています。

そこで，さらに提携の最低獲得額を同じだけ増やします。ただし，AとBCの提携値はそれ以上増やすと，コアが無くなってしまうので，それ以上は増やしません。全体提携と，提携A，提携BCを除いて25万円ずつ増やしてみましょう。

A：50万円　　B：75万円　　C：75万円

AB：75万円　AC：75万円　BC：150万円　ABC：200万円

この結果，すべての提携が最低獲得額以上を得るように考えると，BもCも75万円獲得することになります。この状況におけるコアは(50, 75, 75)ただ1つだけです。これはゲームの仁と呼ばれる解になります。ゲームの仁はシャープレイ値のようにどのようなゲームについてもただ1つ存在しますが，シャープレイ値とは異なる解です。詳しくは船木(2012)を参照してください。

このように提携に同じ額だけ少しずつ加えることによりゲームの仁を求めることができますが，最低獲得金額をどのくらいずつ増やしていけばよいかの計算は難しく，通常はコンピューター等を使います。

このようにして残された財産額が200万円のとき，タルムードの解とゲームの仁が(50, 75, 75)で一致することがわかりました。残された財産の額が100万円のときも，300万円のときも同様に一致することがわかります。興味のある人は自分で計算してみてください。タルムードの解が2000年の時を経てゲーム理論で完全に説明されたことになりました。この話に興味を持たれた方はオーマンとマッシラーの原論文(Aumann and Maschler, 1985)を読まれることをおすすめします。

第11章
交渉問題の分析

11.1 ナッシュの交渉問題とナッシュ解

●ナッシュの交渉問題

　次は交渉問題の話です。交渉は，日々の商取引からはじまり，労使交渉，国家間交渉など多岐にわたって行われる重要な問題解決の方法です。ここで扱う交渉問題はノーベル経済学賞を受賞したジョン・ナッシュが提案して分析した問題です（Nash, 1950b）。数学的な分析モデルですが，経済学的応用も多く，現在ではゲーム理論の一つの分野として確立しています。さらに，その枠組みは，いままでの協力ゲームの枠組みを発展させたものになっています。

　この交渉問題では，交渉の結果を協力の成果と位置づけ，各プレイヤーのもつ交渉のパワーに従って，協力により生まれる成果をどのように分配するかを考えます。その際，起こりうる交渉の結果としては，たとえば100万円を分けるというような金銭分配に限らず，2国間交渉における両国の関税率，労使間の労働条件，などさまざまな話題を取り扱うことができます。交渉問題はこのような現実的問題のゲーム理論による分析モデルです。

　交渉問題のモデルは最初にナッシュが提示しましたが，その際は2人によるゲームとして考えられました。その後，多くの人数の交渉にも適応可能な形に拡張されましたが，ここでは2者間の交渉という，もっとも基本的なケースで話を進めます。この問題はナッシュの交渉問題と呼ばれていますが，そのゲーム理論的な分析面を強調して，ナッシュの交渉ゲームというこ

ともあります。

　さて、それでは実際に、金銭分配の交渉を例にナッシュの交渉問題を考えていきましょう。AさんとBさんが10万円の分配の交渉をしています。実際に起こりうるすべての結果の集合を実現可能集合といいますが、これは2人の間での合計10万円であるような分配のすべてです。たとえば2万円と8万円、とか3万円と7万円とか、さまざまな分配があります。さらに、交渉の結果として合計10万円以下の分配も可能であるとします。すなわち、2万円を捨ててしまい、4万円、4万円という分配も可能であるとします。

　次に、この分析で重要なのは、非合意点あるいは交渉基準点と呼ばれるものです。交渉するときには、交渉が決裂したらどうなるかということを必ず考える必要があります。それが交渉基準点です。交渉が決裂した場合の結果を常に頭の中に置き、それを基にどのような結果になるかを考えることが交渉問題の重要な点です。それでは、交渉の基準点をAさんが1万円、Bさんが2万円であったとしましょう。それらが交渉に失敗したときに2人がそれぞれもらえる金額です。

● 交渉の結果が満たすべき条件

　いままでの説明でわかるように、協力ゲームにおいて個人合理性は重要です。これは、協力が実現したとき、個人だけで獲得できる最低限の利得以上を結果として得るという条件のことです。交渉の基準点も個人で獲得できる最低限の利得を意味しているので、AさんもBさんも交渉の基準点以上の金額を得ることが交渉の結果と考えられます。すなわち、交渉の結果は個人合理性を満たすと考えます。

　さらに、交渉の結果は全体合理性あるいはパレート最適性を満たすと考えます。少し復習しておきましょう。2人にとってパレート最適な分配とは、それ以上2人ともよくなる分配がないことです。たとえば4万円、4万円という分配は2人とも5万円ずつ得た方がよいからパレート最適ではありません。(4.5, 4.5) という分配もパレート最適ではありません。一方、(5,

5) とか（6, 4）とか（4, 6）という分配はすべてパレート最適です。この問題では10万円を2人で余すところなく分配した結果はすべてパレート最適です。このような分配では，一方がより多く得ると他方の分配額が必ず少なくなるから，2人ともよくなることはありません。

> **POINT11-1　ナッシュの交渉問題**
> - 実現可能集合
>   - 合計10万円
> - 非合意点，基準点（個人合理性）
>   - 1万円，2万円
> - 全体合理的（パレート最適）な点で妥結

それ以外にも，実現可能集合の中から交渉の結果（妥結点）を決めるにはもう少し条件を加える必要があります。このような解が満たすべき望ましい条件というのは数学の言葉でいうと公理といいます。すでに第8章8.4のシャープレイ値のところで議論されたものです。

個人合理性，パレート最適性以外の公理として，対称性を考えます。これは，交渉の基準点の2人の利得が同じで，2人のパワーが全く同じであれば，必ず分配結果は同じになるという公理です。ここで，全く同じパワーとは，2人の実現できること（実現可能集合）が全く対称であるということです。もし，(a, b)という結果が実現可能であれば，(b, a)という結果も実現可能でなければなりません。このような場合には2人は同じ額を獲得するという性質です。たとえば，10万円を分けるという交渉をしていて，交渉の基準点が2人ともゼロであり，2人のパワーが同一であった場合，妥結点での分配額は5万円，5万円になることを要請しています。

次の公理は，利得の尺度の取り方と初期保有に依存しないという性質です。ちょっとわかりにくいので金銭尺度の変換で説明しましょう。金銭尺度を変えるというのは，たとえば円で交渉するのかドルで交渉するのか，ユーロで

交渉するのかというように，分配金額の測り方の尺度を変えることです．そのような，尺度の変更に応じて，特定のプレイヤーが有利になったり不利になったりすることがないことを要請しています．もし，日米2国間の交渉で，分配額を円で交渉すれば日本が有利，ドルで交渉すればアメリカが有利ということがあれば，交渉に扱う通貨についても交渉しなければならなくなります．ここでの要請はそのようなことがなく，どの通貨で交渉しても結果が変わらないということです．もう一つは，初期保有によらないという性質ですが，これは，交渉をするとき，そのプレイヤーが，交渉前に1億円持っているのか，それとも1万円しか持っていないのか，ということが交渉の結果に影響しないという性質です．現在，目前に提示された金額のみを考慮して交渉を行うという要請です．これらの話はとくに国際貿易に関する交渉で重要です．この公理は，どの通貨にするか，その国のGDPをどれだけ考慮するかなどとは独立に交渉を行うことを意味しています．

　例で説明しましょう．先程の10万円の交渉の話で（5万円，5万円）が妥結点であるとき，もし，1ドルが100円であったとして，初めから1,000ドルを分ける交渉をしたとしても，A 500ドル，B 500ドルを受け取ることが結果になります．もっと複雑にして，この交渉をAさんは円での受取額と考えて交渉し，Bさんはドルでの受取額と考えて交渉したとしても，A 5万円，B 500ドルを得ることになることを要請しています．金額そのものではなく，自分の受取最高額からの比率で交渉しているといってもいいでしょう．さらにもう一つの条件は，交渉の前にAさんが1万円持っており，Bさんが2万円持っていた場合，交渉の結果はそれに左右されず，2人は5万円ずつを獲得し，その結果，交渉の妥結点では総額としてAさんが6万円，Bさんが7万円得ることになることを要請しています．

　最後に，もう一つ，もっとわかりにくい公理があります．それは，<u>無関係な代替案からの独立性</u>といい，ナッシュの交渉解をもっともよく特徴づけているものです．厳密な説明はわかりにくいですが，「交渉に関係ない提案を含む結果の一部分の集合を削除しても，妥結点が元の集合に入っていればそ

のまま妥結点となる」という性質です。これは，社会選択の理論の中でもよく使われている公理です。いま，考えている問題は，結果の集合の中から1つの妥結点を選ぶことです。もし，妥結点が定まったとすると，もともとの，実現可能な結果の集合から，妥結点を含まない部分を除いても，結果に関係ないので妥結点は変わらないということをこの公理は要請しています。

たとえば10万円を分ける交渉をしており，最終的な妥結点が（5万円，5万円）であれば，そのとき，（4万円，6万円）という分け方や（6万円，4万円）という分け方を削って交渉し直しても，妥結点は同じ結果になることを要請しています。

● ナッシュ交渉解

この4つの公理を考えると，それを満たす妥結点はただ1つしかありません。それをナッシュは数学的に示しました。これをナッシュ交渉解といいます。略してナッシュ解とも呼びます。この10万円の交渉を協力ゲームとして考えると，シャープレイ値を計算しても同じです。仁も同じになります。しかしながら，ナッシュの交渉解はより広範な2人ゲームのクラスに適用可能で，協力ゲームの概念の拡張につながります。その意味で，ナッシュは協力ゲームでも，大きな功績を残しているといえます。ナッシュ均衡とナッシュ解について，最近は少なくなりましたが，古いテキストなどには混同し

POINT11-2　ナッシュ交渉解

- 実現可能集合の中の妥結点を定めるルール
  - パレート最適性
  - 対称性
  - 利得の尺度と初期保有によらない
  - 無関係な代替案からの独立性
- 一意の交渉解 → ナッシュ交渉解

て記述されている場合があります。ナッシュ解は交渉問題における妥結点のことで，非協力ゲームのナッシュ均衡とは異なる概念です。

11.2 ナッシュ解の計算とその実践

●ナッシュ解の計算方法

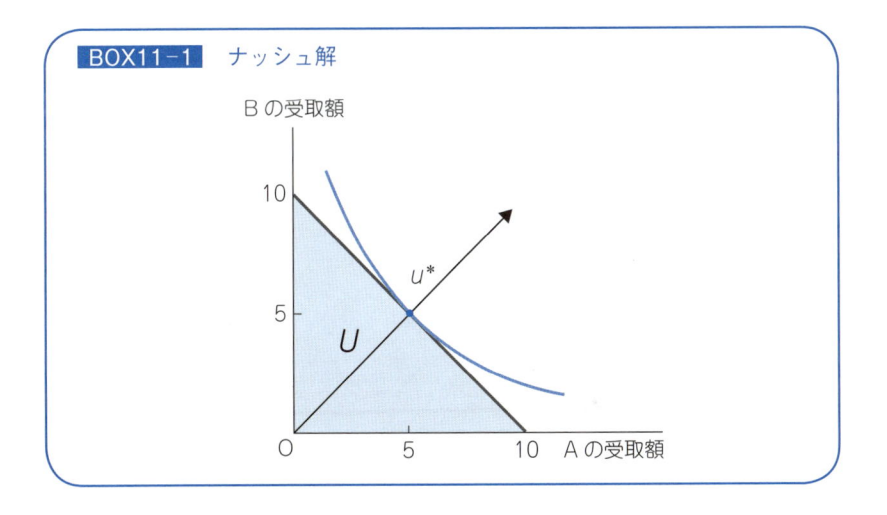

> **BOX11-1** ナッシュ解
>
> （図：横軸 A の受取額，縦軸 B の受取額。実現可能集合 U が三角形で示され，ナッシュ解 u^* が (5, 5) にあり，双曲線が接している）

　それでは，いくつかの交渉問題においてナッシュ解を計算で求めてみましょう。BOX11-1 を見てください。横軸に A の受取額，縦軸に B の受取額を書き，交渉により実現可能な分配の集合が薄い青色部分 U で書かれています。10 万円を分ける交渉で非合意点が (0, 0) であるとします。非合意点からの増加分が交渉の対象です。実現可能性集合が対称なので，対称性公理から増加分の半分を両者が受け取り，(5, 5) がナッシュ解 u^* になっています。図の B の受取額 10 と A の受取額 10 を結ぶ斜めの直線はパレート最適な分配を表す直線です。また，ナッシュ解の点で接している曲線は双曲線です。双曲線とは A の受取額と B の受取額の積が一定である線で，ナ

ッシュ解はこのように交渉の基準点からの2人の受取額の増加分の積を最大にする点として求めることができます。

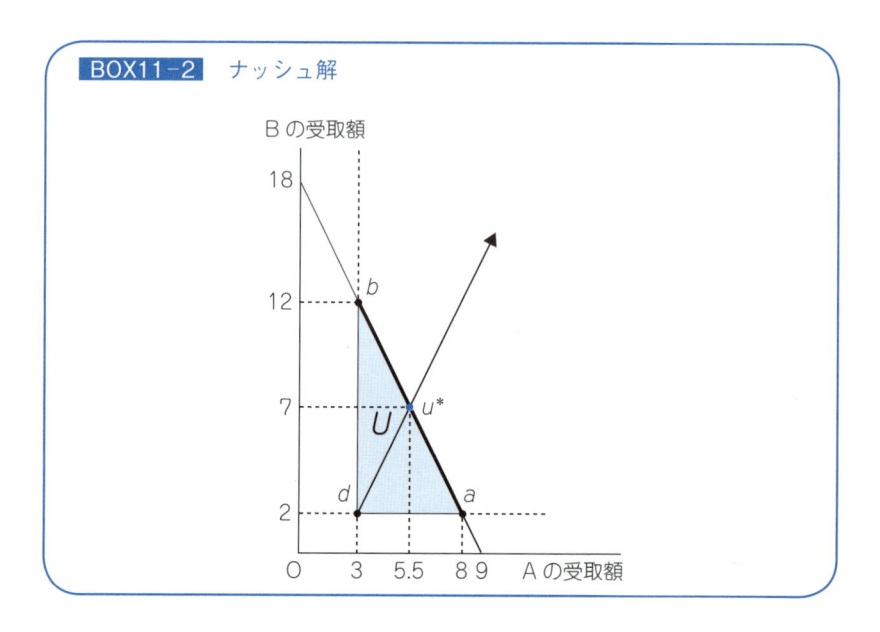

BOX11-2　ナッシュ解

次にBOX11-2を見てください。(3, 2)が非合意点 d で，AとBの尺度が違うケースを示しています。図のパレート最適な斜めの直線部分は傾きがマイナス2の直線です。ですから，Aさんが1受取額を増やすとBさんは受取額を2減らします。非合意点は $d(3, 2)$ なので，ここからの増加分を考えます。個人合理性を満たす実現可能な結果の集合は U です。この領域の中で，Aさん，Bさんの最大受取額を表す点を求めましょう。それは点 $a(8, 2)$ と点 $b(3, 12)$ になります。非合意点から測った分配額の最大受取額に対する比率が2人とも均等，すなわち $\frac{1}{2}$ となるのは，点 a と点 b の中点です。すなわち，$u^*(5.5, 7)$ がナッシュ解による妥結点となります。

本来，BOX11-3のように実現可能集合 U がもっと多様な形をしたケースのナッシュ解も分析することができます。ナッシュ解 u^* は非合意点 d からの増加分の差の積を最大にする点として求められることが知られています。

詳細はたとえば船木（2012）をご覧ください。

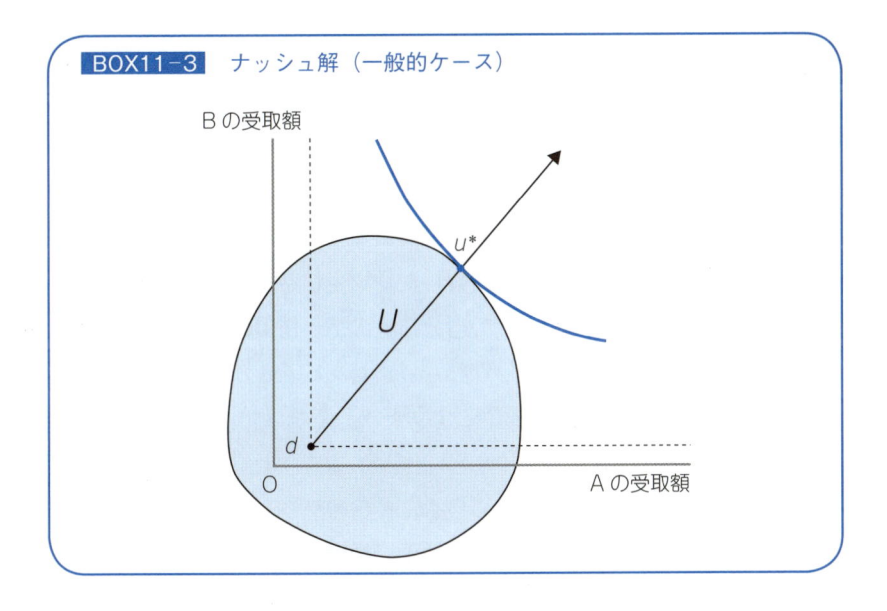

BOX11-3　ナッシュ解（一般的ケース）

（図：縦軸 Bの受取額、横軸 Aの受取額。領域 U の中に非合意点 d、妥結点 u^* が示される）

POINT11-3　交渉を優位に進めるには

- 非合意点（基準点）が重要
- 非合意点（基準点）の移動
- 高いレベルの非合意点を相手にいかに納得させるか

● ナッシュ解の現実への応用

　ナッシュ解の理論をどのように現実問題に応用していけばよいでしょうか。ナッシュの交渉問題の分析から，有利に交渉を進めるための方策について考えてみることにしましょう。それは非合意点の考察です。ナッシュ解では，交渉の当事者2人それぞれについて，非合意点と妥結点での利得の差を考え，それらの積を最大化しています。ナッシュ解を求める図からも類推され

11.2　ナッシュ解の計算とその実践　191

るように，非合意点での自分の利得が高ければ高いほど，ナッシュ解による妥結点を，自分に有利な側に動かすことができます。逆に，自分の非合意点での利得が下がると，相手に有利になります。したがって，自分が有利になるための重要な手段は，非合意点における自分の得る利得が高いことを相手に納得させることです。それでは，自分にとって有利な非合意点を相手に説得，納得させるにはどうしたらよいでしょう。

　その一つの方法がコミットメントです。コミットメントとは，自分自身を縛ることです。非合意点は交渉が決裂した結果生じるものなので，交渉決裂の際に実際に何が生じ，そのときの自分自身の得る結果の評価がどうなるかというのは，本当は当事者本人しかわかりません。ですから，その利得を相手に信じさせるための方策が必要になります。これは第4章の脅し均衡点の話と通ずるものがあります。

　この方策を店舗側が値引きを求められたときの交渉で考えてみましょう。非合意点における売り手の得る利得を相手に納得させるとは，すなわち，非合意点にコミットメントすること，値引きをしないということを相手に納得させることです。

　実践的には，その店の店長あるいはオーナーが直接，販売交渉するのではなく，値引きする権利を持っていない店員に交渉を任せることです。店のオーナーは真実の値段を知り，何％まで下げてもよいかよく知っているはずですが，店員はたとえば5％とか10％とか，最大の値引き水準を知らされているだけで，それ以上の値引きの要求に対して，単に交渉決裂，すなわち，販売できないと答えることしかできません。これは，まさに交渉の非合意点を固定して，高い金額でしか売らないといっていることと同じです。このように，ナッシュ解の考え方を用いると，店頭での売買におけるコミットメントの役割を説明することができます。

　これを少し応用すると，いろいろな交渉において，その交渉を第三者に任せることの意味がわかってきます。プロ野球選手の契約における代理人や，交渉における弁護士の役割はこのようなものと考えられます。代理人という

のはある権限まで任されているけれども，全部を任されているわけではないので，非合意点を相手に説得させるための重要な手段となるわけです．本人が交渉の場に行かないというのは，こういう意味があります．

第 12 章 進化ゲーム理論入門

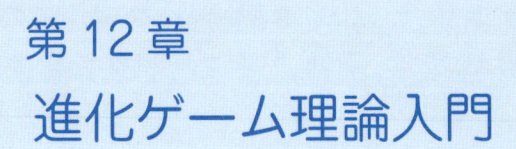

12.1 進化ゲームとは

●進化ゲームのプレイヤー

　最後に近年の話題である進化ゲームについて，紹介しましょう。この分野は最近ますます発展しており，分析の方法も洗練されてきていますが，従来のゲーム理論の考え方と全く異なるので，その点に注意して進化ゲームの理論を紹介したいと思います。

BOX12-1　タカハトゲーム

A \ B	ハト	タカ
ハト	3, 3	1, 6
タカ	6, 1	0, 0

　上の BOX12-1 を見てください。この代表的な例は，タカハトゲームと呼ばれているものです。2 人のプレイヤー A，B について，戦略としてハトとタカがあり，その戦略の選択を通して 2 人が戦っている非協力ゲームのように見えます。しかし，プレイヤー A と B が，生物のハトとタカを選んで戦わせるようにも見えますので，ひとまず，そのように考えてみましょう。

ハトとハトがぶつかると双方の利得は（3，3）です．タカとハトですとタカ側は 6 をもらい，ハト側は 1 もらいます．これはハトがタカに容易に攻撃されてしまうことを示しているように見えます．タカとタカがぶつかると，激しい攻撃をし合って双方の利得がゼロになるように見えます．もちろん，タカやハトはプレイヤーでは有りませんし，合理的な行動を取る生物というわけでもありません．これはあるプレイヤーが，タカ型の戦略とハト型の戦略を選んでいる非協力ゲームです．しかし，進化ゲームでは「プレイヤー」の考え方が通常と大変に異なります．

　進化ゲームでは，個々のプレイヤーが合理的な選択をするかどうかということはあまり考えません．そもそもプレイヤーは，タカやハトという動物ではありません．プレイヤーは動物や生物ではなく，**生物の「種」とか DNA** とか**遺伝子**と考えます．生物はさまざまな状況における行動様式というものを持っており，その行動様式にしたがって行動をとるものと考えます．生物にしろ，動物にしろ，各個体の行動は，行動様式にコントロールされるので，各個体はとくに合理的な行動を取るわけではなく，行動様式に指示された行動を単純に取るだけと考えます．生物の遺伝子は，その配列により，個体の差を生じると考えられ，行動様式を決定するものと考えられます．すなわち，遺伝子は，生物にあるパターンの行動を取るように命ずると考えられます．その意味で，行動様式と遺伝子は同一視でき，それをプレイヤーと考えます．

●進化ゲームの戦略と利得

　それでは，ハト型，タカ型という戦略はどのように解釈すべきでしょうか．これは，行動様式が導く行動です．たとえば，必ず，どんな場合にもハト型という行動を導く行動様式あるいは遺伝子があります．一方，必ずタカ型という行動を導く行動様式あるいは遺伝子があります．政治でもタカ派とハト派というように，攻撃的な派閥のような行動をタカ型行動，優しく協調的な派閥のような行動をハト型行動と呼びます．なお，これらの行動を混合するような行動様式も有ります．それは戦略形ゲームでは混合戦略と呼ばれるも

のです。本書では混合戦略にふれていないので，詳しくは船木（2012）をご覧ください。

戦略形ゲームでは各プレイヤーの取る戦略によって利得が定まります。進化ゲームで考えると，利得は行動様式によって導かれた行動の組がもたらすものと解釈しなければなりません。その利得は適応度と呼ばれるもので解釈します。適応度は，その行動様式あるいは遺伝子を持つ集団の繁殖の可能性，すなわち，どのくらい卵や子孫を残せるかという値です。その遺伝子を持つ個体全体の生き残る可能性と考えることもできます。したがって，プレイヤーである遺伝子は，その遺伝子を持つ個体の行動を指示し，できる限り同じ遺伝子を持つ固体を増やすあるいは生き延びさせることを目的としてゲームを行うと考えます。この行動と適応度の関係を表したものが進化ゲームの利得行列となります。この観点でもう1度，タカハトゲームを見直してみましょう。

POINT12-1　進化ゲームのプレイヤー

- プレイヤー：種，DNA，遺伝子 ── 行動様式を決定するもの
- 戦略：行動様式（混合することもある）
- 利得：適応度　繁殖の可能性
- 利得関数：戦略の組と利得の組の関係

遺伝子がある行動を各個体に指示したとしましょう。その遺伝子を持つ個体が出会うと，遺伝子の指示に従って，行動を取ります。その動物は，食物の取り合いをするかもしれないし，雌の取り合いかもしれません。そのとき，各個体が生き延びたり繁殖したりする可能性を数値化したものが適応度，すなわちこのゲームの利得です。

2つの行動様式の取る行動の組が，ハト型とハト型の場合は穏やかにえさを分け合い互いに敵対しません。したがって（3，3）という利得を得ます。

| BOX12-2 | タカハトゲーム |

A\B	ハト型	タカ型
ハト型	3, 3	1, 6
タカ型	6, 1	0, 0

ところが，タカ型，タカ型の組み合わせの場合ですと，死ぬまで戦ってしまい，利得（0，0）となります。この0は同じ遺伝子を持つ卵の数が0と考えてもよいし，生き残る可能性が0と考えても構いません。

一方，2つの行動様式がタカ型とハト型ですと，タカ型行動の個体が全部の食物を取り，ハト型行動の個体は逃げなければならないので，（6，1）となります。ハト型行動の個体は食物を得ることはできませんが，死ぬことはないので1の利得を得ています。

このゲームは，ある定まったプレイヤー同士のゲームではありません。あるとき，ある場所で出会った2つの個体によって行われ，その個体は自分の持つ遺伝子に従った行動を取ります。すなわち，1回限りのゲームではなく，何度もそのような出会いが起こるという状況を考えています。出会った個体にとって，その状況は全く対称的なので，ゲームは**対称ゲーム**として表現されます。すなわち，プレイヤーA，Bの区別は重要ではありません。

● 進化ゲームにおける均衡

進化ゲームにおける均衡状況を考えましょう。どのような行動様式が安定して生き残るかという問題を議論します。

ある地域においてハト型の行動を指示する遺伝子を持つ個体がすべてだったとしましょう。そうすると，その個体同士が出会うと，双方，ハト型をと

って，(3, 3) の利得を得ます．そこに，タカ型の行動を指示する遺伝子を持つ個体が侵入したとします．これは突然変異とかミュータントと呼ばれる遺伝子を持った個体で，生物界ではある確率で発生することが知られています．

ハト型の行動に対してタカ型の行動を取ると，その利得は6ですから，タカ型行動を取る個体は勝利し，どんどん増殖していくと考えられます．すなわち，ハト型行動を取る個体ばかりのいる状況では，タカ型行動を取る個体は有利ですので，どんどん浸食していくと考えられます．ハト型行動様式はタカ型行動様式の侵入を許すことになります．この意味で，ハト型行動を取る行動様式は安定ではありません．

一方，タカ型の行動を導く行動様式ではどうでしょうか．ある地域においてタカ型の行動を指示する遺伝子を持つ個体がすべてだったとしましょう．そこに，ハト型行動を指示する遺伝子を持つミュータントが生まれたとしましょう．タカ対タカの場合の利得はゼロで，ハト対タカですと，ハト型行動様式を持つ個体の利得は1ですから，ハト型個体が増殖していきます．すなわち，タカ型行動様式はハト型行動様式の侵入を許すことになります．したがって，やはり，タカ型行動を取る行動様式は安定ではありません．

それではどのようなときに，安定になるのでしょう．上記の（ハト，ハト）や（タカ，タカ）という戦略の組はナッシュ均衡ではありませんでした．すなわち，ハトに対する最適反応はタカであり，タカに対する最適反応はハトでした．これが他の遺伝子の侵入を許した大きな理由です．ですから，ある行動様式が安定的であり，他の行動様式の侵入を許さないのであれば，そのような行動様式の組はナッシュ均衡となる必要があります．そもそも，対称な行動の組を考え，それがナッシュ均衡でなければならないのですが，そのような戦略の組はありませんでした．それでは，このゲームでどのような行動様式が安定になるかを求めていくと，混合戦略まで含めたナッシュ均衡を考えなければなりません．それは，ハト型行動を $\frac{1}{4}$，タカ型行動を $\frac{3}{4}$ 生じるような遺伝子，行動様式です．その遺伝子は確率的に2種類の行動を引

き起こすと考えます。計算の方法は本書の範囲を超えるので省略しますが，これは対称な混合戦略ナッシュ均衡になります。そして，次の節で説明するように進化的安定戦略と呼ばれます。

POINT12-2 進化的安定戦略

- 対称な戦略（行動様式）
- ハト型は侵入を許す
- タカ型は侵入を許す
- ハト型$\frac{1}{4}$　タカ型$\frac{3}{4}$の分布型行動は侵入を許さない

● 進化ゲームにおける均衡と進化的安定戦略

通常の対称なナッシュ均衡が存在する別の例を考えましょう。

BOX12-3 タカハトゲーム（変形）

A \ B	ハト型	タカ型
ハト型	5, 5	1, 4
タカ型	4, 1	1, 1

このゲームでは，状況が変わり，2つの対称ナッシュ均衡（タカ型，タカ型）と（ハト型，ハト型）が存在します。このとき，（ハト型，ハト型）の組は安定的です。というのはタカ型行動の侵入を許さないからです。タカ型の行動様式が侵入しても，ハト型行動の方は適応度（利得）が高いので，タカ型の行動様式は増殖できません。

（タカ型，タカ型）というナッシュ均衡はどうでしょう。この場合，ハト

型行動を引き起こすミュータント遺伝子は侵入しても排除されることはありません。また，増殖することもありません。なぜなら，タカ型に対し，ハト型もタカ型も同じ適応度（利得）だからです。したがって，多くのタカ型行動様式の中に小数のミュータントが長い期間存在することになります。

　もし，そこに新たにハト型行動様式の個体が現れると，そのハト型個体同士が遭遇したとき，ハト型行動はタカ型行動よりも有利な利得を得ます。すなわち，少数存在しているハト型行動様式の個体はハト型行動に遭遇したとき，5の利得を得るので，タカ型行動様式の得る4よりも有利です。ですから，長期的に考えると，やはり，ハト型行動様式が侵入して増えていくと考えられます。このように，（タカ型，タカ型）はナッシュ均衡ですが，安定的ではありません。

　もう少し詳しく説明しましょう。ある行動の組が対称なナッシュ均衡であり，かつ，そのナッシュ均衡と同じ利得を与える別の行動があったとき，その別の行動よりも，元のナッシュ均衡の行動の方がその別の行動に出会ったとき有利であるならば，進化的安定戦略といいます。上記の（ハト型，ハト型）はこの条件を満たしますが，（タカ型，タカ型）はこの条件を満たさないので，安定的ではありません。

　進化的安定戦略というのはESS（エボルーショナリー・ステイブル・ストラテジー）とも呼ばれており，進化ゲーム理論の最も基本的な解の概念です。なお，ナッシュ均衡の中で，どのプレイヤーも自分の戦略を他に変更すると確実に利得が減少する場合，狭義ナッシュ均衡と呼ばれていますが，狭義ナッシュ均衡をもたらす戦略はESSであることが知られています。

12.2　規格の移行の問題

●規格間の競争のゲームの再解釈

　第3章の規格間の競争のゲームを再度，進化ゲーム理論の考え方で分析してみましょう。

BOX12-4 　規格間の競争（再掲）

A \ B	旧規格	新規格
旧規格	2, 2	0, 0
新規格	0, 0	4, 4

　まず，規格間の競争を，進化ゲームの立場で説明し直す必要があります。ここでは「規格」がプレイヤーになり，多数の企業はその規格の指示どおりに行動を取るものと考えます。利得は，その規格を採用する企業の生き残り易さを表します。このとき，（新規格，新規格）は狭義ナッシュ均衡であり，新規格は進化的安定戦略になります。同時に（旧規格，旧規格）も狭義ナッシュ均衡であり，旧規格も進化的安定戦略になります。

　企業は合理的な行動を選択すると考えるのに，なぜ，規格がプレイヤーであり，企業は単にそれに従った行動を取ると考えてよいのでしょう。

● 慣習の意味

　たとえば，人々がある慣習をずっと続けていたとします。人々が続けている慣習というのは，別に個人が合理的にその選択をするわけではなく，そういう行動を長年取ってきたという歴史的事実が重要です。すなわち，慣習は行動様式と同じように必ずしも合理的でない人々が取る行動を長年決めているものと解釈できます。その慣習をプレイヤーと考えるのが進化ゲームです。ですから，その慣習に従う個人は合理的な選択をするわけではありません。タカハトゲームの生物や個体と同じです。このように考えると，慣習が安定的であるかどうかという議論ができるようになります。

　これと同じように，企業の間の規格間の競争をとらえることができます。

企業は合理的な行動を取るプレイヤーではなく，プレイヤーは，企業行動を規定する規格です。この進化ゲーム的視点から，規格が安定であるか否かという議論をすることができます。たとえば，旧規格という行動様式を取る企業が市場を占めているとき，そこに新規格というミュータントが侵入することはできません。したがって，旧規格は進化的に安定になります。このような分析において，慣習それ自身はその行動を取る個体の比率を多くするという目的を持っているとはいえないかもしれませんが，その慣習を持つ人々や企業全体の意識は，その慣習を持つ人々や企業が増えた方がよいと思っているかもしれません。

　この進化的安定戦略の議論は，その慣習や行動様式が多数の慣習や行動様式の中から，どういう経緯で生まれてきたかというダイナミズムの議論には，適していません。一方，何らかの経緯である慣習に到達すると，それがESSであれば，長年にわたって維持されると考えることができます。進化ゲームにおける長期的に安定という考え方はナッシュ均衡の説明と似ていますが，人々の合理的な行動で説明するのではなくて，長期的に安定な行動様式のパターンとして説明されます。

　さて，規格間の競争では新様式も旧様式も進化的安定戦略でした。しかしながら，どちらの企業も新規格の方がよいことは明らかです。旧規格から新規格への変化を進化ゲームで説明することはできないでしょうか。また，進化的に安定でない状態からどのような経路で進化的に安定な状態に到達するのでしょう。これは，ミュータントが発生したときの変異を動学的にとらえることで説明できますが，これも，本書の範囲を超えます。このような動学的な推移による分析はリプリケータ動学と呼ばれ，さまざまな経済現象や社会現象の推移の分析に用いられています。詳しくはたとえば，岡田（2011），Peters（2008）等をご覧ください。進化ゲームと生物学の関わりについてはメイナード・スミス（1985）を参照してください。

さらにゲーム理論を学ぶ方のために

ゲーム理論の学び方

　本書でゲーム理論の初歩を学んだ方が，ゲーム理論をもっと先まで学ぶにはどうすればよいでしょう．本書は入門的内容のみを紹介しました．その内容をよく理解した方は，ぜひ本格的にゲーム理論を学んでください．そのためのいくつかのポイントをお話ししたいと思います．

　ゲーム理論を経済学，政治学，社会学やその他の分野に応用するためには，基礎概念をしっかり学ぶ必要があります．そのためには恐れずに数学を用いることです．ゲーム理論で用いる数学はほとんど中学や高校レベルのものですから，まずはそれを復習しましょう．

　さらに，それを用いて，多くの問題を解くことです．演習問題を解くことは数学の学習と同じように，ゲーム理論のテクニックを体得するのに大変役立ちます．きちんとしたテキスト，講義の下で体系的に勉強してください．（のちほど，そのためのテキストの一部を紹介します．）ゲーム理論の内容は，本書にふれた以外にも，戦略の逐次消去，繰り返しゲーム，安定集合，交渉集合，マッチングなど重要なトピックがあります．以下で紹介する文献にはこれらの内容も含まれています．まず，こういった方法でゲーム理論の基礎力を養い，多くの応用問題の分析力を身につけてください．もちろん，本書の範囲のゲーム理論でもある程度の応用分析はできますが，基礎をマスターするともっと深い分析ができるはずです．

　さらに進んで，もっと高度なゲーム理論を学ぶためにはどうすればよいでしょうか．そのためのいくつかの参考文献も後に紹介しています．やはりその際に必要なものは，厳密な論理を展開するのに必要な数学力だと思います．

大学の数学科で学ぶような高度な数学は必要ありませんが，解析学や線形代数，多変数解析の基本を学んでおく必要があります。そこまで学べば，国際専門学術誌の論文をそのまま読めるようになります。逆にゲーム理論学習と並行して，論文を読むと，簡潔に要点がまとまっているし学習に役立つかもしれません。

国際学術専門誌には査読という仕組みがあります。同じ分野の専門家が投稿された論文を匿名で評価するシステムで，そのためにその雑誌に掲載する論文の質が高く保たれます。*International Journal of Game Thoery*, *Games and Economic Behavior*, *International Game Theory Review* など，種々の雑誌があります。ゲーム理論の最先端を知るためには，大学の図書館などで探してみるとよいかもしれません。もちろん，そのためには英語の力も必要になります。

その先にはゲーム理論の国際研究者としての道があります。上記雑誌への論文の投稿や国際学会での報告をし，世界的に活躍する道が開けます。私の研究室からも，高知工科大学 上條良夫准教授，立命館大学 竹内あい准教授，福岡大学 近郷匠准教授が巣立ちました。

文献案内

現在，書店にはビジネス書から専門書まで数多くのゲーム理論に関係する本が並んでいます。ここで紹介する参考文献は，ゲーム理論を着実に学び，応用するための本として，できる限り少数に限り，とくにテキスト的なものを選びました。本書で不足する内容を全般的に紹介する書籍として，船木（2012）と岡田（2011）を本文でも何度か引用しています。

船木由喜彦『ゲーム理論講義』（新世社，2012 年） 本書に接続して，非協力ゲーム理論と協力ゲーム理論の内容を数学を用いて説明しています。本書に含まれていない基礎的内容も多く含んでいます。

船木由喜彦『演習ゲーム理論』（新世社，2004 年） 上記『ゲーム理論講

義』に対応して多くの演習問題を載せています。ゲーム理論を確実に修得するには多くの問題を解く必要があり，それに役立ちます。問題演習に特化した類書は未だ多くありません。

　岡田章『ゲーム理論（新版）』（有斐閣，2011年）　学部上級から大学院レベルでゲーム理論を勉強するための好著です。そのために厳密な数学の議論を理解する必要がありますが，世界中の同類のテキストと比較してもわかりやすいテキストです。ほとんどの内容が非協力ゲーム理論です。

　中山幹夫，武藤滋夫，船木由喜彦『協力ゲーム理論』（勁草書房，2008年）　こちらは，学部上級から大学院レベルの協力ゲーム理論を勉強するためのテキストです。岡田『ゲーム理論（新版）』の協力ゲーム版ともいえるでしょう。こちらも厳密な数学の議論を理解する必要がありますが，さまざまな先端的な内容を多く含んでいます。

　中山幹夫，武藤滋夫，船木由喜彦編著『ゲーム理論で解く』（有斐閣，2000年）　ゲーム理論を現実の問題にどのように応用すればよいかという視点で，初学者でもわかるような易しいゲーム理論を使った応用トピックが数多く紹介されています。

　船木由喜彦，武藤滋夫，中山幹夫編著『ゲーム理論アプリケーションブック』（東洋経済新報社，2013年）『ゲーム理論で解く』の後継として，現実の問題への応用という視点から，新たなトピックが紹介されています。使われているゲーム理論は，『ゲーム理論で解く』よりやや難しく，ゲーム理論の基礎を学んだ方のための応用という位置づけです。

　武藤滋夫『ゲーム理論入門』（日経文庫，2001年）　本書と同じレベルの読者向けに，ゲーム理論のさまざまな基礎的な事項を丁寧に紹介しています。ただし，中学や高校の数学もある程度使っているので，本書の後にテキストとして勉強するのによいかもしれません。

　中山幹夫『協力ゲームの基礎と応用』（勁草書房，2012年）　学部上級から大学院レベルの協力ゲームの新しいトピックを紹介している本です。『協力ゲーム理論』と合わせて学習すると新しい研究につながるかもしれません。

参考文献

前頁の文献案内で紹介した書籍以外の本書でふれた文献を挙げます。

第1章
J. von Neumann and O. Morgenstern, *Theory of Games and Economic Behavior*, Princeton University Press, Princeton.(第1版1944年,第3版1953年,60周年版2007年).邦訳(銀林他監訳)『ゲームの理論と経済行動』(ちくま学芸文庫,2009年).

第2章
河野勝・西條辰義編著『社会科学の実験アプローチ』(勁草書房,2007年).
西條辰義編著『実験経済学への招待』(NTT出版,2007年).

第3章
J. F. Nash, "Equilibrium Points in n-Person Games," *Proceedings of the National Academy of Sciences USA*, Vol.36, pp.48-49, (1950a).

第5章
P. K. Dutta, *Strategies and Games: Theory and Prctice*, MIT Press, (1999).

第8章
L. S. Shapley, "A Value for n-Person Games," in Kuhn and Tucker eds. *Contributions to Theory of Games*, Vol.II, pp.305-317, (1953).

第9章
K. Nakamura, "The Voters in a Simple Game with Ordinal Preferences," *International Journal of Game Theory*, Vol.8, pp.55-61, (1979).

第10章
R. J. Aumann and Michel Maschler, "Game Theoretic Analysis of a

Bankruptcy Problem from the Talmud," *Jpurnal of Economic Theory*, Vol.36, pp.195-213, (1985).

第 11 章

J. F. Nash, "The Bargaining Problem," *Econometrica*, Vol.18, pp.1257-1263, (1950b).

第 12 章

H. Peters, *GameTheory : A Malti-Leveled Approach*, Springer-Verlag Berlin Heidelberg, (2008).

J. M. Smith, *Evolution and the Theory of Games*, Cambridge University Press, (1982). 邦訳（寺本英・梯正之訳）『進化とゲーム理論』（産業図書, 1985 年）.

索　引

あ　行
青木昌彦　58
アロー（K. J. Arrow）　96
アローの不可能性定理　96
安定集合　161
暗黙の協定　32

意思決定の木　66

後ろ向き帰納法　68

オーマン（R. J. Aumann）　170, 183
脅し均衡　81
重み付き投票ゲーム　151

か　行
改善可能　131, 137
外部経済　39
外部性　39, 118
過半数選択肢　96
過半数多数決　95, 164
加法性公理　158
環境問題　13, 29
慣習　201

規格間の競争　36, 54, 65, 200
逆向き帰納法　68
狭義ナッシュ均衡　43, 200
供給価格　126
強支配　131
強パレート最適　25
協力ゲーム　11, 123
拒否権　144
拒否権プレイヤー　144, 149, 160
均衡選択の理論　63

繰り返し　33
繰り返しゲーム　119
軍備拡張競争　31

経済学実験　34
ゲーム　20
ゲーム的状況　4
ゲームの木　66, 74, 86
ゲーム理論実験　34

コア　130, 137, 159
コイン合わせ　60
公共財　108
貢献度　155
交渉基準点　185
構造の問題　27
構造の変換　34
拘束力　28
拘束力のある合意　32
行動様式　195
公理　157, 186
公理的アプローチ　157
コーディネーション問題　47
国連事務総長の投票　83
個人合理性　185
後手　66
コミットメント　192
混合戦略　64
コンディショナルコーポレーター　34
コンドルセ勝者　105

さ　行
最適反応　48
最適反応戦略　48
サブゲーム　69

サブゲーム完全均衡点　69
サブゲーム完全支配戦略均衡点　101
サブゲーム完全ナッシュ均衡点　69
参入阻止ゲーム　77

市場均衡　134，135
市場均衡価格　135
実験　34
実現可能集合　185
実験経済学　10
実験ゲーム理論　10
しっぺ返し　33
支配する　22
支配戦略　22
支配戦略均衡　23
シャープレイ（L. S. Shapley）　8，141，155
シャープレイ・シュービック投票力指数
　　→投票力指数
シャープレイ値　155
社会的ジレンマ　117
弱支配　131
弱パレート支配　25
囚人のジレンマ　15，16，50，119
シュタッケルベルグ（H. F. von Stackelberg）　74
シュタッケルベルグ均衡　74
需要価格　126
情報集合　67
勝利グループ　142
勝利提携　142
仁　183
進化ゲーム　194
進化的安定戦略（ESS）　200

整合的な分配　176
正の外部性　118
ゼルテン（R. Selten）　44，63
全員一致ゲーム　159
全員一致ルール　143
選好順序　85

全体合理性　185
全体提携　133
先手　66
戦略　18，120，195
戦略形ゲーム　18，78
戦略的投票　83

た　行

対称ゲーム　197
対称性　186
対称性公理　158
タカハトゲーム　194
タルムード　169
単純多数決　93
単峰性　106

中位投票者定理　106

提携　132，133
提携値　133
デートのトラブルゲーム　40
適応度　196
手番　66
展開形ゲーム　66

同時手番　66，74
投票ゲーム　141
投票のパラドックス　96，164
投票力指数　141，147
独裁者　144，149
突然変異　198

な　行

中村健二郎　167
中村数　167
ナッシュ（J. F. Nash）　7，36，184
ナッシュ解　188
ナッシュ均衡　43，45
ナッシュ均衡利得　50
ナッシュ交渉解　188
ナッシュの交渉ゲーム　184

ナッシュの交渉問題　184
ナル　150
ナルプレイヤー　151，160
ナルプレイヤー公理　158

ネットワーク外部性　39
ネットワークの経済学　39

　　　は　行
配分　133
破産問題　169，176
ハルサニ（J. C. Harsanyi）　45，63
パレート（V. F. D. Pareto）　24
パレート基準　24
パレート最適　24，53，117
パレート最適性公理　158，185
パレート支配　24

比較制度分析　58
非競合性　108
非協力ゲーム　11，42
非合意点　185
非排除性　109
非分割財　123
ピボット　146
標準形ゲーム　19
費用分担　110

フォン・ノイマン（J. von Neumann）　6，161
フォン・ノイマン=モルゲンシュテルン解　161

2人ゼロ和ゲーム　60
フリーライダー　112
プレイヤー　18

　　　ま　行
マッシラー（M. Maschler）　170，183
マッチングペニー　60
マッチング理論　8

ミシュナの分配　170
ミュータント　198

無関係な代替案からの独立性公理　187

モデル化　19
モルゲンシュテルン（O. Morgenstern）　6，161

　　　ら　行
リスク支配　113
利得　18，195
利得関数　19
利得行列　17
利得の尺度の取り方と初期保有に依存しない公理　186
利得ベクトル　133
リプリケータ動学　202
留保価格　126
両性の戦い　→デートのトラブルゲーム

ロス（A. E. Roth）　8

著者紹介

船木　由喜彦（ふなき　ゆきひこ）

1980 年　東京工業大学理学部数学科卒業
1985 年　東京工業大学大学院総合理工学研究科博士課程修了（理学博士）
1985 年　東洋大学経済学部専任講師
1995 年　東洋大学経済学部教授
1998 年　早稲田大学政治経済学術院教授
専　門　ゲーム理論，実験経済学

主要著書・論文

『ゲーム理論で解く』有斐閣，2000 年．（共編著）
『エコノミックゲームセオリー――協力ゲームの応用』サイエンス社，2001 年．
『演習ゲーム理論』新世社，2004 年．
『協力ゲーム理論』勁草書房，2008 年．（共著）
『ゲーム理論講義』新世社，2012 年．
『制度と認識の経済学』NTT 出版，2013 年．（共編著）
『ゲーム理論アプリケーションブック』東洋経済新報社，2013 年．（共編著）
"The Core of an Economy with Common Pool Resource: A Partition Function Form Approach," *International Journal of Game Theory*, vol.28, 1999.（共著）
"Reconciling Marginalism with Egalitarianism: Consistency, Monotonicity, and Implementation of Egalitarian Shapley Values," *Social Choice and Welfare*, vol.40, 2013.（共著）
"Theoretical and Experimental Investigations of the Performance of the Keyword Auction Mechanisms," *Rand Journal of Economics*, vol.44, 2013.（共著）
"Sustaining Cooperation in Social Dilemmas: Comparison of Centralized Punishment Institutions," *Games and Economic Behavior*, 2014.（共著）
"Implementation and Axiomatization of Discounted Shapley Values," *Social Choice and Welfare*, vol.45, 2015.（共著）
"The Balanced Contributions Property for Equal Contributors," *Games and Economic Behavior*, August 2017.（共著）

はじめて学ぶゲーム理論

2014年5月10日Ⓒ　　　　　初 版 発 行
2019年10月10日　　　　　初版第4刷発行

著　者　船木由喜彦　　発行者　森平敏孝
　　　　　　　　　　　印刷者　中澤　眞
　　　　　　　　　　　製本者　米良孝司

【発行】　　　　株式会社　新世社
〒151-0051　東京都渋谷区千駄ヶ谷1丁目3番25号
編集☎(03)5474-8818(代)　　サイエンスビル

【発売】　　　　株式会社　サイエンス社
〒151-0051　東京都渋谷区千駄ヶ谷1丁目3番25号
営業☎(03)5474-8500(代)　　振替 00170-7-2387
FAX☎(03)5474-8900

印刷　㈱シナノ　　　　製本　ブックアート
《検印省略》

本書の内容を無断で複写複製することは，著作者および出版者の権利を侵害することがありますので，その場合にはあらかじめ小社あて許諾をお求め下さい。

ISBN 978-4-88384-208-7
PRINTED IN JAPAN

サイエンス社・新世社のホームページのご案内
http://www.saiensu.co.jp
ご意見・ご要望は
shin@saiensu.co.jp まで.